HANNA

Hanna
Rhian Cadwaladr

© Rhian Cadwaladr
© Gwasg y Bwthyn, 2024

ISBN: 978-1-917006-01-9

Mae Rhian Cadwaladr wedi datgan ei hawl dan Ddeddf Hawlfreintiau, Dyluniadau a Phatentau 1988 i gael ei chydnabod yn awdur y llyfr hwn.

Golygwyd gan Adran Olygyddol Cyngor Llyfrau Cymru.

Cyhoeddwyd gyda chymorth ariannol Cyngor Llyfrau Cymru.

Cedwir pob hawl. Ni chaniateir atgynhyrchu unrhyw ran o'r cyhoeddiad hwn na'i gadw mewn system adferadwy, na'i drosglwyddo mewn unrhyw ddull, na thrwy unrhyw gyfrwng, electronig, electrostatig, tâp magnetig, mecanyddol, ffotogopïo, recordio, nac fel arall, heb ganiatâd ymlaen llaw gan y cyhoeddwyr.

Clawr a dylunio mewnol: Olwen Fowler

Cyhoeddwyd gan:
Gwasg y Bwthyn,
36 Y Maes, Caernarfon,
Gwynedd LL55 2NN

post@gwasgybwthyn.co.uk
www.gwasgybwthyn.cymru

HANNA
RHIAN CADWALADR

*Cyflwynir er cof am fy nwy nain, Jennie Williams
a Beneth Maglona Parry, a fu'n forynion cyn iddyn
nhw briodi. Hefyd fy nhaid Wil Parry, fy hen daid
Owen Parry, a fy hen, hen daid John Parry,
tri chwarelwr gynt yn chwarel Dinorwig.*

Nodyn
Er bod y nofel wedi ei gosod yn Llanberis, dychmygol ydy'r holl gymeriadau ac ambell le.

Diolchiadau
Diolch i Marred Jones am weld potensial y stori ac i Meinir Pierce Jones, Gerwyn Wiliams a phawb yng Ngwasg y Bwthyn; Cadi Iolen, Uwch Guradur Amgueddfa Lechi Cymru; Beryl Hughes Griffiths a Bethan Gwanas am daro golwg ar y nofel imi; Siân Esmor am gysoni'r iaith ar gyfer cyfres *Amdani*. Yn olaf, diolch i Andrew am wrando yn amyneddgar, fel arfer.

Penodau

1	Tân a swper chwarel	7
2	Lloyd George	11
3	Teulu	16
4	Now Bach Crafwr	21
5	Dychryn	26
6	Anrheg annisgwyl	30
7	Hel clecs	35
8	Y Women's Freedom League	39
9	Damwain yn y chwarel	44
10	Colli swydd?	49
11	*Humbugs* a baco	54
12	'Mae Duw a fi yn dallt ein gilydd!'	59
13	'Galwa fi'n Owen'	65
14	'Dw i'n ŵr priod sy'n llawer hŷn na chdi'	70
15	Angladd a chynnig	75
16	Hiraeth	81
17	Troi am adre	87
18	Siop	92
	Geirfa	94

1

Tân a swper chwarel

Llanberis, 1910

'Hanna! Cychwyn y tân rwyt ti i fod i wneud efo'r papur newydd, dim ei ddarllen!'

Gollyngodd Hanna'r copi o'r *Herald Cymraeg* mewn ofn. Doedd hi ddim wedi clywed Mrs Lewis, ei meistres, yn dod i mewn i'r ystafell, gan ei bod hi ar goll yn yr erthygl roedd hi'n ei darllen.

'Mae'n ddrwg gen i, Mistras,' ymddiheurodd gan ddechrau plygu'r papur yn **sbils** hir, ei bysedd **medrus** yn symud yn gyflym.

'Edrych ar yr hysbysebion ffasiwn, siŵr o fod,' meddai Mrs Lewis.

Cariodd Hanna ymlaen gyda'i gwaith yn dawel. Wnaeth hi ddim **meiddio** ateb yn ôl a dweud wrthi hi mai erthygl am **gyllideb** Lloyd George roedd hi wedi bod yn ei darllen. Pa bwynt fasai iddi hi edrych ar yr hysbysebion ffasiwn beth bynnag? Roedd hi'n trio hel pres i brynu het newydd ers dau fis, ac mi fasai hi'n fis arall cyn cael digon i brynu'r het gyda'r rhosyn coch roedd hi wedi ei gweld yn ffenest siop G. O. Griffith.

---

gollwng – *to drop*
sbilsen, sbils – *spill(s) (paper twists to light a fire)*
medrus – *skilful*   **meiddio** – *to dare*
cyllideb – *budget*

'Mi fydd Mr Lewis adra o fewn yr awr,' aeth ei meistres yn ei blaen. 'Gwna'n siŵr fod yna dân da yn barod iddo fo. Fan hyn fydd o eto heno mae'n siŵr.' **Ochneidiodd** y feistres. Trwy **gil ei llygad** gwelodd Hanna Mrs Lewis yn edrych arni ei hun yn y drych uwchben y lle tân ac yn gosod darn o wallt yn ôl yn ei le. Roedd hi'n ddynes ddel o hyd, er ei bod hi dros bedwar deg oed – croen ei hwyneb yn llyfn, heb fawr ddim **rhychau**. Roedd hi'n anodd credu ei bod yr un oed â'i mam. Tynnodd Hanna wyneb ei mam i'w chof – wyneb tenau gyda **phantiau** dwfn dan esgyrn ei bochau a'i thalcen yn fap o rychau. Ond dyna ni, roedd taith bywyd y ddwy wraig wedi bod yn wahanol iawn. Roedd Hanna yn gwybod ei bod hi'n mynd yn debycach i'w mam bob dydd. Dim ond wyth ar hugain oed oedd hi, ond roedd ambell linell o gwmpas ei llygaid yn barod.

Wedi i'w meistres adael yr ystafell dyma Hanna yn gwthio'r sbilsen, oedd yn cynnwys yr erthygl roedd hi ar ganol ei darllen, i boced ei sgert. Roedd hi'n edrych ymlaen at gael gorffen ei darllen mewn **heddwch** yn ei llofft fach yng nghefn y tŷ ar ôl iddi orffen ei gwaith. Ond roedd hi'n gwybod hefyd, dim ots pa mor ddifyr oedd beth roedd hi'n ei ddarllen, y basai hi'n cysgu'n drwm funudau ar ôl mynd i'r gwely.

Brysiodd Hanna i orffen gwneud y tân. Edrychodd o amgylch yr ystafell – y stydi, fel roedd y Lewisiaid yn ei galw. Oedd, roedd

ochneidio – *to sigh*	(**ochenaid** – *a sigh*)
cil ei llygad – *the corner of her eye*	**rhych**(**au**) – *wrinkle(s)*
pant(**iau**) – *hollow(s)*	**wedi** (**i**) – *after*
hedd, heddwch – *peace*	

popeth yn ei le a phapurau'r meistr ar ei ddesg yn union fel roedd o wedi eu gadael nhw neithiwr. Rhuthrodd i'r gegin i orffen paratoi'r **swper chwarel**.

Newidiodd Hanna o'i **ffedog** parlwr i'w ffedog cegin cyn codi llond bwced o lo a'i daflu ar y tân. Trodd y tân coch yn ddu am funud. **Go drapia**! meddyliodd. Mae'r glo yn wlyb, mae'n rhaid. Estynnodd am y **procar**. Roedd hi'n un dda am wneud tân gan ei bod hi wedi bod yn eu cynnau nhw ac yn gofalu amdanyn nhw ers iddi hi fod yn ddigon hen i godi llond rhaw o lo.

Y peth cynta roedd hi'n ei wneud bob bore oedd gwneud tân, nid yn unig i gynhesu'r tŷ ond i gynhesu'r dŵr ac i goginio arno. Dechrau'n gynt ar fore Llun – diwrnod golchi – i gynnau tân mawr i ferwi'r holl ddŵr fasai ei angen. Gaeaf neu haf, dim ots beth fasai'r tywydd, roedd tân yn rheoli patrwm ei dyddiau. O leia roedd cwt glo mawr Glan Deulyn – cartref y Lewisiaid ers i Mr Owen Lewis gael swydd **arolygwr** yn chwarel Dinorwig – yn llawn bob tro a doedd dim rhaid iddi boeni faint fasai hi'n ei ddefnyddio. Gan fod wyth grât yn y tŷ, roedd hi'n defnyddio llawer o lo.

Cododd gaead y sosban oedd yn coginio ar y *range*. Roedd yr ystafell yn llawn o arogl hyfryd **lobsgóws**. Rhoddodd dro sydyn iddo fo cyn blasu ychydig. Roedd y Lewisiaid yn hoffi bwyd syml, yn wahanol i'r Bracknells. Mr Bracknell oedd arolygwr y chwarel cyn Mr Lewis. Roedd o a'i deulu yn hoff iawn o fwydydd crand. Roedden nhw'n meddwl cymaint o'u cogyddes nes iddyn nhw fynd â hi efo nhw pan symudon nhw'n ôl i Loegr.

swper chwarel – *evening meal (lit. quarry supper)*	
ffedog – *apron*	**go drapia** – *oh blast*
procar – *poker*	**arolygwr** – *supervisor*
lobsgóws – *lobscouse, Irish stew*	

Roedd y teulu newydd wedi penderfynu doedden nhw ddim angen cogyddes, gan mai dim ond teulu o ddau oedden nhw. Roedd y Bracknells, o gymharu, yn deulu o chwech. Roedden nhw wedi penderfynu hefyd doedden nhw ddim angen y **forwyn fach**, oedd yn gadael Hanna ar ei phen ei hun i wneud y gwaith tŷ a'r coginio i gyd.

Clywodd sŵn hwter y chwarel yn canu'n uchel. Hanner awr wedi pump. Mi fasai'r meistr gartre ymhen dim gan fod Glan Deulyn mor agos i'w swyddfa fo yn y chwarel. Cododd Hanna ei phen ac edrych at y ffenest gan wrando am y sŵn. A! Dyna fo – sŵn cannoedd o **esgidiau hoelion mawr** y **chwarelwyr** yn mynd adre o'u gwaith. Roedd eu cyrff yn flinedig ar ôl diwrnod caled o waith a'u boliau gwag yn gobeithio bod eu swper chwarel nhw ar y bwrdd yn barod amdanyn nhw. Gan fod ffenest fach y gegin ar agor roedd Hanna'n medru clywed lleisiau'r dynion yn cael eu cario ar y gwynt, yn sgwrsio a chwerthin a thynnu coes. Llais ei thad oedd hwnna? **Ella** ddim. Doedd ei thad ddim yn un i wastraffu geiriau, a phan fasai fo'n siarad, distaw fasai ei lais. Distaw, ond yn mynnu sylw. Daeth ton o hiraeth drosti. Doedd hi ddim wedi cael cyfle i weld ei rhieni ers dros bythefnos, dim ond wedi eu gweld nhw'n sydyn yn y capel ddydd Sul. Penderfynodd y basai hi'n gofyn i Mrs Lewis am gael mynd i'w gweld nhw y noson wedyn. Diolchodd ei bod hi wedi llwyddo i gael gwaith yn lleol. Doedd pawb ddim mor lwcus.

---

morwyn fach – *scullery maid*
esgidiau hoelion mawr – *hobnail boots*
chwarelwyr – *quarrymen*   **ella (gog)** = **(e)fallai (de)** – *perhaps*

2
Lloyd George

Ar ôl iddi olchi, sychu a chadw'r llestri swper, **sgubo**'r llawr a thacluso'r gegin, aeth Hanna i fyny'r grisiau i wneud yn siŵr fod y tân yn ystafell wely'r Lewisiaid **wedi gafael** ac i droi'r gwely i lawr. Er ei bod hi'n fis Ebrill a'r tywydd o'r diwedd wedi cynhesu roedd hi'n dal yn oer yng Nglan Deulyn gan fod y tŷ mor agos at greigiau mawr y chwarel. Roedd dal angen gwneud tân yn y llofftydd gyda'r nosau. Cofiodd am yr erthygl papur newydd ym mhoced ei sgert ac addo iddi ei hun y basai hi'n ei darllen yn y gegin gynnes. Penderfynodd alw i mewn i'r stydi i weld oedd y tân yno yn iawn. Aeth i mewn i'r ystafell heb gnocio a neidio mewn **dychryn** pan welodd hi'r meistr yn eistedd yn ei gadair wrth y tân. Roedd o'n darllen y papur newydd Saesneg, *The Times*.

'Mae'n ddrwg gen i, Syr,' meddai. 'Ro'n i'n siŵr mod i wedi clywed eich llais chi yn y parlwr.'

'Dim angen ymddiheuro, siŵr, a dim angen fy ngalw i'n "syr" chwaith.'

Roedd o wedi dweud hyn wrthi hi'n barod ond doedd Hanna ddim yn medru arfer efo'i alw fo yn Mr Lewis. 'Syr' fasai hi'n galw Mr Bracknell bob amser.

---

sgubo – *to sweep*
wedi gafael – *to have taken hold* (**gafael** – *to hold*)
dychryn – *fright*

'Sori, Mr Lewis, dim ond edrych ar y tân o'n i.'

'Paid â phoeni am y tân, gadwa i lygad ar hwnnw, ond mi faswn i'n hoffi paned o lefrith cynnes, os oes gen ti'r amser?'

'Oes, siŵr, mi a'i i'w wneud o ar unwaith.'

'Diolch i ti, Hanna. Dw i'n cael trafferth cysgu y dyddiau yma ond mae llefrith cynnes yn helpu.'

Gwenodd arni hi gan ddangos rhes o ddannedd da, o dan ei fwstás. **Dannedd gosod** oedden nhw, tybed? meddyliodd Hanna. Yn sicr doedd dannedd ei thad ddim cystal. Roedd o wedi colli llawer yn barod, ac roedd y rhai oedd ar ôl yn felynfrown, wedi eu staenio gan y **baco** yn y **cetyn** oedd wastad yng nghornel ei geg. Ddim bod Mr Lewis mor hen â'i thad chwaith. Faint oedd ei oed o? meddyliodd hi ar ôl iddi hi fynd yn ôl i'r gegin a dechrau **tywallt** llefrith i sosban fach. Pedwar deg pump? Pedwar deg chwech? Roedd hi'n colli cwmni ar adegau fel hyn. Mi fasai Jane, y forwyn fach, a Hanna yn arfer cael sgwrs cyn mynd i'r gwely. **Testun eu sgwrs** yn aml oedd y teulu Bracknell – pwy oedd wedi clywed y sŵn gweiddi yn y nos? Sut cafodd Mrs Bracknell y **clais** cas ar ei boch?

Chwiliodd am y darn o'r *Herald Cymraeg* yn ei phoced i gael golwg sydyn arno tra oedd hi'n disgwyl i'r llefrith gynhesu. Roedd hi wedi bod yn dilyn hanes cyllideb y **canghellor** David Lloyd George. Roedd y gyllideb wedi cael ei rhwystro gan Dŷ'r Arglwyddi tan yr wythnos hon, flwyddyn gyfan ers iddi gael ei chyflwyno.

dannedd gosod – *false teeth*	**baco** – *tobacco*
cetyn – *pipe (to smoke)*	**tywallt** – *to pour*
testun sgwrs, testun siarad – *the topic of conversation*	
clais – *bruise*	**canghellor** – *chancellor*

Roedd ganddi hi ddiddordeb mawr yn Lloyd George ar ôl ei glywed yn siarad ar y Maes yng Nghaernarfon ddwy flynedd yn ôl a syrthio dan ei **swyn**. Pwy fasai wedi meddwl y basai Cymro Cymraeg o Lanystumdwy yn medru curo'r **byddigion** yn y llywodraeth? Ac yn wahanol i lawer o Gymry oedd wedi cyrraedd yn uchel mewn cymdeithas ac yn dewis anghofio o le roedden nhw wedi dŵad, roedd Lloyd George yn falch o'i wlad a'i hanes. 'I am proud of that little land among the hills,' fasai fo'n ddweud pan fasai rhai yn ei **watwar** am fod yn Gymro.

Tynnodd Hanna y sosban oddi ar y tân, cyn i'r llefrith ferwi drosodd, a'i dywallt i gwpan *china* ac aeth yn ôl i'r stydi. Y tro yma rhoddodd gnoc distaw ar y drws cyn ei agor.

'A, hyfryd. Diolch yn fawr i ti, Hanna.'

Gwenodd Hanna o glywed ei henw cynta. 'Parry' fasai Mr a Mrs Bracknell yn ei galw hi. Sylwodd fod llenni'r ystafell yn dal ar agor a dechreuodd eu cau. Daeth llais o'r tu ôl iddi hi.

'Gad nhw ar agor! Mae'n **noson ola leuad**, mae'n braf cael y golau.'

Nodiodd. 'Nos da, Syr ... Mr Lewis,' meddai hi a chychwyn am y drws.

'Hanna!' Daeth y llais eto. Cododd Mr Lewis o'i gadair a phigo darn o bapur oddi ar y llawr. 'Mi syrthiodd hwn o dy boced,' meddai gan edrych ar y darn papur newydd.

'O, diolch,' meddai Hanna gan ddal ei llaw allan.

Cyn ei roi iddi hi, edrychodd arno. 'Wedi bod yn darllen am gyllideb Lloyd George wyt ti?'

---

swyn – *spell*	**byddigion** – *gentry*
gwatwar – *to mock*	**noson ola leuad** – *moonlit night*

'Ia, Syr.'

Edrychodd arni hi, ei lygaid glas golau fel tasen nhw'n gweld drwyddi hi a meddyliodd Hanna ei fod o'n reit debyg i Lloyd George ei hun.

'A be wyt ti'n feddwl?' gofynnodd Mr Lewis.

'Dw i'n falch ei fod o wedi cael ei basio o'r diwedd.'

'Wyt ti, wir? Pam?'

Ydy o'n gwneud hwyl ar fy mhen? meddyliodd Hanna.

'Wel … mae … mae o'n cymryd oddi wrth y cyfoethog ac yn rhoi i'r tlawd, tydy?' atebodd hi gan edrych yn syth i'w lygaid o. 'Mi fydd pobol dros saith deg oed yn cael pensiwn rŵan, ac mi fydd mwy o blant o deuluoedd tlawd yn cael addysg uwch, a chinio am ddim yn yr ysgol.'

'Bydd. A be wyt ti'n feddwl wneith ddigwydd i Dŷ'r Arglwyddi rŵan?'

'Wn i ddim. Dydw i ddim yn dallt digon i fedru penderfynu ond dw i'n meddwl bod angen i bethau newid. Dydy o ddim yn gwneud synnwyr i mi fod gynnyn nhw'r pŵer i stopio penderfyniadau'r Tŷ Cyffredin. Gwastraffu amser maen nhw. Blwyddyn gyfan o fethu â chytuno. Dynion clyfar i fod ond dydyn nhw ddim yn **ymddwyn** fel dynion clyfar.'

Roedd Hanna wedi ei **thanio** rŵan a'i bochau yn goch.

Gwenodd ei meistr.

'Dw i newydd orffen darllen y *Times*', meddai ac **estyn** y papur iddi hi. 'Dos â fo os lici di.'

'Diolch, ond dydy fy Saesneg i ddim digon da … mi fedra i siarad yn o lew ond mae 'na eiriau mawr yn y papurau Saesneg.'

---

ymddwyn – *to behave*	**tanio** – *fire(d)*
estyn – *to reach*	

Ar hynny agorodd drws y stydi a daeth Mrs Lewis i mewn.

'Owen?' meddai hi gan edrych ar Hanna. Trodd honno a mynd am y drws. Daeth teimlad o **euogrwydd** drosti hi, er nad oedd hi'n gwybod yn iawn pam. Caeodd y drws ar ei hôl a sefyll am funud. Doedd hi ddim yn medru peidio â chlywed y sgwrs o'r tu mewn.

'Be oedd Hanna'n wneud yma?'

'Fi oedd wedi gofyn iddi hi am lefrith cynnes.'

'Hm. Fydd rhaid i ni gadw llygad ar honna, dw i'n meddwl. Mi wnes i ei dal hi'n darllen papur newydd yn lle gwneud ei gwaith bore 'ma. Mae o'n gwneud i rywun feddwl pam ei bod hi'n dal i weithio fel morwyn a hithau'n wyth ar hugain oed.'

'Wel, ia, mi fasai disgwyl iddi hi fod wedi priodi, neu'n howscipar erbyn hyn.'

'Methu ffeindio gŵr mae hi, mae'n siŵr. Dydy hi ddim y beth ddela, nac ydy?'

Camodd Hanna yn ôl o'r drws a geiriau cas Mrs Lewis wedi ei brifo. Brysiodd yn ôl i'r gegin.

---

ar hynny – *at that instant* **euogrwydd** – *guilt*

camu – *to step*

3
Teulu

'Iw-hw!' gwaeddodd Hanna gan gerdded i mewn i'r tŷ teras bach tywyll yn stryd Tan y Clogwyn, lle gaeth hi ei magu. Achos bod y tai yn **swatio** o dan y clogwyn, doedd dim llawer o olau naturiol ynddyn nhw. Ar ddyddiau cymylog roedd rhaid defnyddio **canhwyllau** ganol dydd yn y gegin.

'Nanna!' Rhuthrodd bwndel bach bywiog **yn sigledig** tuag ati a chododd Hanna Jini, ei nith fach ddwy oed, yn ei breichiau. Rhoddodd gusan ar dop ei phen cyrliog melyn a'i chodi yn uchel i'r awyr. **Sgrechiodd** y ferch fach gan chwerthin yr un pryd.

'Hanna? Ti sy yna?'

Daeth llais ei mam, Neli Parry, o'r gegin gefn.

'Twm – mae Hanna adra,' **ychwanegodd** Neli. Roedd Twm Parry, tad Hanna, yn ei gadair wrth y tân. Roedd cetyn yng nghornel ei geg, fel bob amser, a **chwyddwydr** bach wedi ei wasgu i mewn i un llygad. Drwy'r chwyddwydr roedd o'n syllu i ganol watsh boced. Yn ei law roedd sgriwdreifar bach. Chymerodd o ddim sylw o'r sŵn o'i gwmpas.

'Rwyt ti allan yn hwyr iawn, ydy popeth yn iawn?' meddai Neli wrth i Hanna dynnu Jini oddi ar ei hysgwyddau.

swatio – *to squat*	**canhwyllau** – *candles*
yn sigledig – *shakily*	**sgrechiodd** – *he/she screamed* (**sgrech** – *a scream*; **sgrechian** – *to scream*)
ychwanegu – *to add*	**chwyddwydr** – *magnifying glass*

'Yndy, tad. Dim ond dod am dro i ddeud helô.'

'Wel, mae'n dda dy weld di fel arfer. Arhosa i mi roi Jini yn ei gwely ac mi gawn ni sgwrs iawn,' meddai ei mam cyn ychwanegu mewn llais llawn balchder, 'mae 'na lythyr wedi dŵad gan Dic.'

Brawd Hanna oedd Dic. Fo oedd **cannwyll llygad ei fam** a'r unig un o'i phlant i fynd i'r **ysgol ramadeg** ac yna i'r coleg newydd ym Mangor. Fo oedd yr unig un o'i flwyddyn ysgol gynradd i gael addysg mor dda ac roedd ei rieni yn falch iawn ohono fo. Roedd gan Hanna gymaint yn ei phen â Dic ond fasai ei rhieni ddim wedi meddwl am funud iddi hi gael coleg. Roedd talu i un gael yr addysg yn ddigon anodd ac fel y dywedodd ei mam, 'Beth ydy'r pwynt rhoi addysg ddrud i ferched? Does dim angen addysg i fod yn wraig ac yn fam dda.'

'Lle mae Wil heno? Wedi galw i weld Mari eto, mae'n siŵr, ia?' gofynnodd Hanna. Wil oedd ei brawd **fenga**, a'r unig un o blant Neli a Twm oedd yn dal i fyw gartre, ar y funud beth bynnag. Roedd o'n **canlyn yn selog** ers dwy flynedd ac roedd pawb yn disgwyl y basai fo a Mari yn priodi pan fasen nhw'n cael tŷ i'w rentu.

'Naci, mae o wedi mynd at griw o hogiau New York i ymarfer at y 'steddfod **ponciau**,' atebodd Neli. Chwarelwr oedd Wil, ac fel gweddill dynion y teulu roedd o'n gweithio ar bonc New York yn y chwarel. Roedd gan bob ponc eu **caban** lle basai'r dynion

---

cannwyll llygad ei fam – *the apple of his mother's eye*
ysgol ramadeg – *grammar school*
fenga (**gog**) = **ifanca** (**de**) – *youngest*
canlyn yn selog – *going steady*
ponc, ponciau – *gallery, galleries (in a slate quarry)*
caban – *cabin*

yn dod at ei gilydd amser cinio. Roedden nhw'n dweud straeon, cynnal **dadleuon**, canu a chwarae offerynnau pres. Roedd yn arfer ers rhai blynyddoedd i'r cabanau gystadlu yn erbyn ei gilydd a chynnal eisteddfod unwaith y flwyddyn yn yr awr ginio.

'Dach chi ddim am gystadlu, Nhad?' gofynnodd Hanna.

'Ddim eleni. Dydy'r llais ddim fel roedd o. Dydyn nhw ddim fy angen i beth bynnag, mae 'na ddigon am gystadlu,' atebodd gan ddechrau sgriwio cefn y watsh yn ôl.

Roedd Jini wedi dringo i fyny coesau Hanna ac wedi gosod ei hun ar ei **glin.**

'Ty'd ti yma, *my lady*,' meddai ei nain gan geisio ei chodi. 'Mae hi wedi pasio amser gwely genod bach. Awn ni i ymolchi a brwsio'r gwallt 'na.' Dechreuodd y plentyn brotestio gan ddal ei breichiau **yn dynn** am wddw Hanna.

'Na … Isho Nanna bwsho gwacht Jini … Nanna bwsho gwacht …' gwaeddodd. Mi wnaeth Neli ei gorau i dynnu Jini oddi ar lin ei modryb, ond doedd y plentyn ddim am ildio heb ffeit.

'Ty'd rŵan, **dim lol** …' cododd Neli ei llais.

'Jini!'

Dim ond un gair roedd rhaid i'w thaid ddweud a stopiodd y plentyn **strancio**. Dim ond dwy oed oedd hi ond roedd hi'n gwybod pwy oedd y bos.

'Wyt ti isio i Modryb Hanna frwsio dy wallt di a mynd â ti i dy wely?' gofynnodd Hanna. Roedd hi wedi sylwi bod ei mam yn edrych yn flinedig. Gwenodd Jini a nodio ei phen.

---

dadleuon – *debates*	**glin** – *lap*
yn dynn – *tightly*	**dim lol** – *no nonsense*
strancio – *to have a tantrum*	

'Steddwch chi, Mam. Fydda i ddim dau funud â setlo hon.' Eisteddodd Neli ar y gadair yn ddiolchgar.

'Diolch i ti, Hanna,' meddai hi, 'mae hon yn fwy o **lond llaw** nag oedd dim un ohonoch chi. Neu fi sy'n mynd yn hen.'

'Ras i fyny'r grisiau!' meddai Hanna a dechreuodd Jini fach sgrechian eto.

Erbyn iddi hi gael ei newid i'w **choban**, golchi ei hwyneb a'i dwylo a brwsio ei gwallt roedd Jini wedi tawelu a dringodd i mewn i'w chot bach ar waelod gwely ei nain a'i thaid. Tynnodd Hanna flanced drosti. Roedd hi'n edrych fel doli *china* efo'i chroen golau, ei bochau pinc a'i chyrls melyn **yn goron ar ei phen**. Roedd hi'n edrych yn debyg i'w mam – Nansi, chwaer Hanna. Gobeithio y bydd hi'n debyg i'w mam yn ei phersonoliaeth hi hefyd, meddyliodd Hanna, a ddim fel ei thad! Roedd hi wedi trio ei gorau ond doedd hi ddim yn hoffi Eban, ei brawd yng nghyfraith. Lwmp mawr diog oedd o. Fo oedd un o'r rhesymau pam roedd Jini yn byw efo'i nain a'i thaid a ddim i lawr y ffordd efo'i mam a'i thad a'i thri brawd, pob un dan chwech oed. Doedd iechyd Nansi erioed wedi bod yn gryf ac roedd cael pedwar plentyn yn agos at ei gilydd wedi cael effaith arni – a doedd Eban yn ddim help. Ddim bod disgwyl iddo fo helpu efo magu'r plant, wrth gwrs, ond doedd o'n gwneud dim yn y tŷ, dim hyd yn oed cario'r **twb ymolchi** trwm at y tân. Ac os oedd Nansi yn meiddio cwyno fod ganddi hi boen yn rhywle, neu ei bod hi'n teimlo'n wan, roedd Eban yn dweud ei fod o hefyd

---

llond llaw – *a handful* **coban** – *nightdress*
yn goron ar ei phen – *a crown on her head*
twb ymolchi – *bathtub*

mewn poen neu'n teimlo'n wan. Mi fasai Nansi wedyn yn gwneud pob dim iddo fo.

Syniad Eban oedd i Jini fynd i fyw at ei nain a'i thaid, fel tasai Neli **druan** ddim wedi cael digon o fagu plant ar ôl geni chwech a magu pedwar, a hynny mewn tŷ bach efo dim ond dwy ystafell wely. Ond efo dim ond Wil yn byw gartre o hyd cytunodd y nain a'r taid heb gwyno, a dywedodd Neli y basai hi'n braf cael clywed chwerthin plentyn bach yn y tŷ eto. Edrychodd Hanna ar y plentyn yn edrych fel angel bach yn ei chrud. Ond roedd hi'n bell o fod yn angel ac roedd Hanna'n gobeithio y basai Nansi'n gwella'n fuan cyn i'r un fach **sugno** nerth ei nain i gyd.

---

truan – *poor*　　　　　　**Neli druan** – *poor Neli*
sugno – *to suck, to drain*

4

Now Bach Crafwr

'Mi rwyt ti'n dda efo Jini,' meddai Neli wrth ei merch ar ôl iddi hi ddŵad yn ôl i lawr y grisiau. 'Mi wnei di fam arbennig, taset ti ddim ond yn brysio cyn iddi hi fynd yn rhy hwyr.'

Ochneidiodd Hanna. Doedd hi ddim wedi bod yn y tŷ fwy na hanner awr a rŵan roedd Mam yn gofyn pam doedd hi byth wedi ffeindio gŵr. Aeth Neli yn ei blaen.

'Roedd Robat Tŷ Pen yn holi amdanat ti ddoe. Mi fasai Robat yn gwneud yn iawn i ti.'

'Robat Tŷ Pen?!' meddai Hanna. 'Dydy Robat druan ddim yn medru gorffen brawddeg!'

'Swil ydy'r hogyn, 'dê! Mae o'n siarad yn iawn efo fi. Mae ei galon o yn y lle iawn ac mae o **wedi dotio** arnat ti ers pan oeddech chi'n blant.'

Roedd Hanna yn gwybod fod Robat yn hogyn iawn ond doedd fawr o sgwrs i'w chael ganddo.

'Sgen i ddim diddordeb mewn dynion diflas fel Robat, dim ots lle mae eu calonnau nhw,' meddai hi. Roedd hi'n swnio ychydig yn fwy siarp nag oedd hi wedi meddwl bod.

'Dy broblem di ydy dy fod ti'n rhy ffysi o lawer! Camgymeriad oedd gadael i ti fynd i'r llyfrgell 'na mor aml – mae'r holl lyfrau rwyt ti wedi eu darllen wedi rhoi syniadau gwirion yn dy ben di!

---

wedi dotio – *enamoured*

Dwyt ti ddim isio rhywbeth gwell na gweini ar bobol eraill ar hyd dy oes?' gofynnodd Neli.

O leia dw i'n cael fy nhalu am weini ar bobol eraill, meddyliodd Hanna, ddim fel ei mam a'i chwaer oedd yn rhedeg i'w teuluoedd drwy'r amser, heb geiniog i ddangos amdano fo. Daeth llais ei thad o'r gornel.

'**Gad lonydd i**'r hogan.' Tynnodd y chwyddwydr o'i lygad a gosod y watsh boced ar silff y ffenest efo'r watshys a chlociau eraill.

'Hm,' meddai Neli. Roedd hi isio dweud mwy ond penderfynodd beidio.

'Ma' watsh Nedw Pritchard yn barod os wneith o ddŵad i chwilio amdani,' meddai Twm.

'Faint?' gofynnodd Neli.

'Dau **swllt**.'

Roedd Tomos Parry, neu Twm Trwsio Clociau, yn ddyn galluog – dyn fasai wedi medru mynd yn bell tasai ei **amgylchiadau** wedi bod yn wahanol. Ond roedd o'n ddigon hapus ei fyd yn **hollti a naddu** yn y chwarel ac yn gwneud ychydig o bres ychwanegol wrth drwsio clociau a watshys. Pwysodd Twm ymlaen ar y bwrdd a dechrau gwagio a llenwi ei getyn, rhywbeth roedd Hanna wedi ei wylio yn ei wneud lawer, lawer gwaith – ac wedi cael helpu ambell waith pan oedd hi'n blentyn. Tap-tap-tap i gael yr hen faco allan yn ofalus i ddechrau, yna agor y tun bach o Frython Shag a phacio **pinsiad** da i mewn i bowlen y cetyn a'i wthio fo i lawr. Gwneud yr

---

gadael llonydd i – *to leave alone* **swllt** – *shilling*
amgylchiad(au) – *circumstance(s)*
hollti a naddu – *to split and dress (slate)*
pinsiad – *a pinch*

un peth eto ddwywaith ac yna tanio matsien a'i dal uwch y baco a **phwffian** yn ofalus ar bib y cetyn. Llenwodd yr ystafell ag **oglau** melys cyfoethog, oglau a fasai bob tro yn atgoffa Hanna o'i thad. Tynnodd Twm y cetyn o'i geg.

'Panad 'sa'n dda,' meddai.

Cododd Neli yn syth a chychwyn rhoi'r tegell ar y tân. Eisteddodd ei gŵr yn ôl yn ei gadair gan gymryd pwff dwfn o'i getyn, ac yna **pesychu**. Edrychodd ar ei ferch a gofyn,

'A sut mae Now Bach **Crafwr** yn dy drin di?'

'Twm!' meddai Neli'n flin. 'Paid â galw fo'n hynna! Owen Lewis ydy ei enw fo!'

'A sut arall fasai Cymro bach o'r pentre wedi codi i fod yn arolygwr yn y chwarel?' gofynnodd.

'Drwy waith caled a gallu, siŵr iawn,' atebodd ei wraig.

'A **llyfu tin**,' ychwanegodd Twm.

'Mi ddylet ti fod yn falch fod hogyn lleol wedi gwneud mor dda. Faset ti ddim yn medru cael dyn neisiach na'i dad o – y gweinidog gorau gafodd Capel Coch, meddan nhw. A dyma ei fab o rŵan yn **flaenor** yno.'

'Dydy bod yn flaenor ddim yn golygu ei fod o'n ddyn da,' meddai Twm gan godi ei lais ac eistedd ymlaen yn ei gadair. O diar, meddyliodd Hanna.

'Twm bach, dydy hi ddim yn amser i ti faddau erbyn hyn, dŵad? Mae 'na dros bum mlynedd wedi mynd heibio!' meddai Neli.

'Ac mi eith 'na bump arall heibio, a phump wedyn, a phump

pwffian – *to puff*	
oglau (**gog**) = **aroglau** – *smell(s), aroma(s)*	
pesychu – *to cough*	**crafwr** – *sycophant*
llyfu tin – *to brown-nose*	**blaenor** – *deacon*

wedyn hyd at ddiwedd amser cyn y bydda i'n mynd i'r capel eto,' atebodd ei gŵr.

Roedd Hanna'n gwybod ei fod o'n dweud y gwir achos pan oedd Twm Parry yn cael ei **bechu** roedd o'n cymryd ei bechu go iawn. Roedd hi'n gwybod hefyd fod y ffaith bod Twm yn gwrthod mynd i'r capel yn boen mawr ar feddwl ei mam, ac yn destun siarad yn y pentref ac yn y cartref.

Ceisiodd droi'r stori yn ôl at gwestiwn ei thad.

'Mae Mr Lewis yn fy nhrin i'n dda iawn. Mae o'n garedig a **chlên**,' meddai.

'Dyna ti, **yli**, Twm! Mae o'n ddyn da,' meddai Neli gan roi cwpaned o de ar y bwrdd o flaen ei gŵr.

'Wel, **twyllwr** ydy Wil Siop Wil, ei ewythr o, meddan nhw. Dwyt ti ddim yn cofio'r sôn, ei fod o wedi newid ei **glorian** i wneud iddi hi edrych fel tasai fo'n rhoi mwy i bobol nag oedd o?'

'Twt lol, hen stori wirion oedd honna.'

Torrodd Hanna ar eu traws a dweud, 'Dw i ddim mor hoff o *Mrs* Lewis chwaith.'

'Glywes i sôn ei bod hi wedi mynd yn *lady* fawr ers symud i Lan Deulyn,' meddai Twm.

'Wyt ti wedi bod yn bwydo gormod arni hi, Hanna?' gofynnodd Neli gan roi paned o de o'i blaen hi hefyd.

Gwenodd Twm. 'Dim mawr fel 'na, siŵr! **Mawreddog**. Edrych i lawr ei thrwyn ar bobol.'

'O! Un ychydig yn fawreddog ydy hi wedi bod erioed,' atebodd

pechu – *to offend*	**clên** – *pleasant*
yli – *(you) see (singular)*	**twyllwr** – *a cheat*
clorian – *scales (weighing)*	**mawreddog** – *grand, boastful*

ei wraig. 'Dw i ddim yn meddwl ei bod hi wedi siarad efo fi erioed, er i mi gael fy magu yn yr un pentre â hi.'

Estynnodd amlen oedd wedi ei gosod tu ôl i'r ci *china* ar y dresel. Rhoddodd hi yn llaw Hanna.

'Darllen di o i ni. Ti'n darllen llawer gwell na fi.' Eisteddodd Neli i glywed hanes ei mab oedd rŵan yn byw yn bell i ffwrdd yn Aberystwyth, lle roedd o'n gweithio fel athro.

5

Dychryn

Cerddodd Hanna yn gyflym i lawr y lôn tuag at Lan Deulyn. Doedd hi ddim yn mynd i'r pentref yn aml gyda'r nos, oherwydd doedd hi ddim yn hoffi cerdded i lawr y ffordd ar ei phen ei hun. Roedd hi'n ffordd brysur yn ystod y dydd, ond yn ystod y nos roedd hi'n ddistaw ac yn unig. Heno roedd hi'n dywyll fel bol buwch, heblaw pan fasai'r cymylau yn symud i ddangos ychydig o'r lleuad newydd. Roedd y gwynt wedi codi ac yn ysgwyd y dail ar y coed uwch yr afon, oedd yn llifo i lawr i un o'r ddau lyn ar waelod y ffordd. Roedd gan Hanna ofn a diolchodd pan gyrhaeddodd hi'r **giât** fawr drwm efo'r enw Glan Deulyn arni. Gwthiodd hi'n agored a dringo'r tair set o risiau llechen serth tuag at y tŷ. Wedi cyrraedd y top, arhosodd i gymryd ei gwynt – a throi i edrych i lawr ar yr olygfa y tu ôl iddi. Doedd dim digon o olau lleuad i weld y ddau lyn yn iawn ond roedd hi'n gallu gweld y darlun yn glir yn ei **dychymyg**.

Yn sydyn clywodd lais y tu ôl iddi. Yn ei hofn, mi gollodd hi ei balans, ac mi fasai hi wedi syrthio heblaw i Owen Lewis neidio o'r **fainc** lle roedd o'n eistedd, a'i dal hi.

'Be dach chi'n wneud yn codi ofn ar rywun fel 'na!' gwaeddodd Hanna arno'n flin cyn rhewi o sylweddoli beth oedd hi newydd wneud. 'O, mam bach, mae'n wir ddrwg gen i, Syr … Mr Lewis … wnes i ddim … doeddwn i ddim yn … dw i braidd yn ofnus o'r

---

giât – *gate;* **giatiau** – *gates*   **dychymyg** – *imagination*
mainc – *bench*

tywyllwch dach chi'n gweld ac … o diar!'

Er mawr **syndod** iddi dechreuodd Mr Lewis chwerthin. 'Y fi ddylai ymddiheuro,' meddai. 'Ddylwn i fod wedi sylweddoli dy fod ti ddim wedi fy ngweld i'n eistedd yn fan'na, ond, wir, roedd dy wyneb di'n bictiwr.' Ymunodd Hanna yn ei chwerthin, yn falch o wybod fod o ddim yn flin efo hi am weiddi fel yna.

'Wyt ti'n derbyn fy **ymddiheuriad** i?' gofynnodd Mr Lewis.

'Wrth gwrs, os dach chi'n derbyn fy un i,' atebodd.

'Does dim angen i ti ymddiheuro. Gobeithio dy fod ti'n iawn?'

'Yndw, diolch.' Sylweddolodd ei fod yn dal i afael yn ei braich hi a symudodd hi oddi wrtho fo.

'Lwcus i chi fy nal i.' Roedd ei chalon yn dal i **ddyrnu** yn ei chlustiau a'i bochau yn boeth. 'Well i mi fynd i'r tŷ,' meddai hi gan gychwyn i gyfeiriad y drws cefn.

'Finna hefyd, roeddwn i wedi dechra oeri yn eistedd yn fan'na,' meddai Mr Lewis gan gerdded am y drws ffrynt.

Tybed beth oedd o'n wneud yn fan'na? meddyliodd Hanna. Doedd hi erioed wedi gweld Mr Bracknell yn eistedd yn yr ardd ar ei ben ei hun yn y tywyllwch. **Hel meddyliau**, mae'n siŵr. Roedd Mr Lewis wastad yn edrych fel tasai gynno fo lot ar ei feddwl. Galwodd Mr Lewis ar ei hôl:

'Wyt ti wedi blino gormod i ddod â chwpaned o lefrith cynnes i mi?'

'Naddo, siŵr. Rhowch bum munud i mi. Lle fyddwch chi – yn y stydi **ta**'r parlwr?'

---

syndod – *surprise, astonishment*   **ymddiheuriad** – *apology*

dyrnu – *to thump*

hel meddyliau – *to daydream* (lit. *to collect thoughts*)

ta – *or*

'Yn y stydi. Mae Mary wedi mynd i'r gwely'n gynnar. Cur yn ei phen.'

Eto, meddyliodd Hanna.

Roedd Mr Lewis yn eistedd yn ei gadair yn syllu i fflamau'r tân pan gerddodd Hanna i mewn efo **hambwrdd** bach.

'Dw i wedi dod â darn o **fara brith** i chi hefyd,' meddai.

Trodd Mr Lewis i edrych arni a gwenu.

'Diolch, Hanna. Mae dy fara brith di'n arbennig. Gwell nag un fy mam hyd yn oed.'

Gwenodd yn ôl arno.

'A sut oedd dy fam di heno?' gofynnodd Mr Lewis.

'Da iawn, diolch.'

'A dy dad?' Edrychodd yn syth ati wrth ofyn.

'Roedd o hefyd yn dda iawn.' Teimlodd ei hun yn cochi wrth gofio barn ei thad amdano fo a **mwydrodd** ymlaen, 'Wel, mae ganddo fo 'chydig o beswch – dw i'n meddwl mai'r cetyn sydd wastad yn ei geg o ydy'r bai. Mae'n siŵr nad ydy pwffian ar hwnnw drwy'r amser yn gwneud dim **lles**.'

Cododd Mr Lewis ei **ael** a gofyn, 'Dwyt ti ddim yn un o'r rhai sy'n meddwl mai llwch y chwarel sydd ar fai am godi peswch?'

'O, na. Mae'r doctoriaid wedi deud dydy'r llwch ddim yn **gwneud dim drwg**, tydyn?'

'Ydyn, wir. Mae'r llwch yn gwneud lles hyd yn oed, meddai rhai.'

Trodd ei ben ac edrych i fflamau'r tân eto. Cymerodd Hanna

hambwrdd – *tray*	**bara brith** – *speckled loaf (cake)*
mwydro – *to moider*	**lles** – *wellbeing*
ael – *eyebrow*	**gwneud dim drwg** – *does no harm*

mai hwn oedd ei hamser i adael a chychwynnodd am y drws ond cafodd hi ei stopio rhag mynd drwyddo wrth i Mr Lewis alw ei henw.

'Hanna?'

'Ia?'

'Soniodd dy dad amdana i o gwbl?'

'Chi? Ym, naddo wir ... wel, dim ond gofyn sut oeddech chi a Mrs Lewis.'

Doedd Hanna ddim wedi arfer dweud celwydd a theimlodd ei bochau'n cochi eto a diolchodd fod ei meistr yn dal i edrych ar fflamau'r tân.

'Dydy hi ddim yn hawdd dringo'r ysgol i'r top, 'sti,' meddai wrthi. 'Mae 'na wastad rai sydd am dy dynnu di i lawr.'

Roedd hi'n deall yn iawn beth oedd o'n ddweud ac yn teimlo drosto fo. Mi wnaeth Hanna gael syniad a mentrodd ei ddweud:

'Roedd fy nhad yn sôn am y 'steddfod ponciau. Fel dach chi'n gwybod, mae'r dynion yn ei chymryd hi o ddifri ond yn gweld awr ginio yn 'chydig iawn o amser i'w chynnal hi.'

Trodd Mr Lewis i edrych arni.

'Be sgen ti ar dy feddwl?'

'Wel, meddwl o'n i, tasen nhw'n cael 'chydig mwy o amser cinio ar ddiwrnod yr eisteddfod – dwy awr ella, neu awr a hanner o leia – dw i'n siŵr y basen nhw'n ddiolchgar iawn.'

'Hm, ti'n iawn, mae'r dynion *yn* ei chymryd o ddifri. Syniad da, Hanna. Syniad gwych!'

Gwenodd Hanna arno.

'Nos dawch, Syr,' meddai.

'Nos dawch, Hanna – a diolch!'

6

Anrheg annisgwyl

Daeth Hanna i edrych ymlaen at ei thasg o fynd â llefrith cynnes i'r meistr bob nos. Fel arfer mi fasai Mrs Lewis wedi mynd i'w gwely, wedi blino disgwyl i'w gŵr orffen ei waith yn y stydi. Ond erbyn iddo fo ofyn am ei lefrith mi fasai fo wedi rhoi'r gorau i weithio ac yn eistedd wrth y tân efo'i bapur newydd, ac mi fasai fo'n gofyn ei barn ar ambell stori o'r newyddion. Ar y dechrau roedd Hanna yn swil o roi ei barn, yn ofni bod y meistr yn **gwneud hwyl am ei phen**. Doedd hi ddim wedi cael sgyrsiau difyr am wleidyddiaeth a digwyddiadau'r byd ers i Dic ei brawd adael am Aberystwyth. Fo oedd yr unig un oedd yn cymryd ei barn hi o ddifri. Ond yn raddol daeth i ymddiried yn Mr Lewis a daeth eu sgyrsiau i lifo'n naturiol ac yn ddifyr, mor ddifyr fel y basai hi'n ei chael hi'n anodd codi ambell fore, gan ei bod hi wedi aros ar ei thraed yn hwyr.

Un noswaith, tua mis ar ôl eu sgwrs am yr eisteddfod ponciau, a Hanna newydd roi'r hambwrdd bach i lawr, cododd Mr Lewis ac estyn pecyn o'r drôr yn ei ddesg.

'Mae gen i anrheg fach i ti, Hanna,' meddai.

Agorodd llygaid Hanna yn fawr.

'Anrheg? I mi?'

'Ia, rhywbeth bach i ddiolch i ti am dy awgrym, i mi roi mwy o amser i'r 'steddfod. Roeddet ti'n iawn, mi roedd y dynion wedi eu plesio.'

---

gwneud hwyl am ben (**ei phen**) – *to mock* (*her*)

'Aethoch chi i'r eisteddfod?' gofynnodd Hanna.

'Do, a dw i'n meddwl eu bod nhw'n gwerthfawrogi hynna hefyd, er do'n i ddim yn siŵr os o'n i'n gwneud y peth iawn. Do'n i ddim isio iddyn nhw feddwl amdana i fel rhyw brifathro yn sefyll uwch eu pennau nhw mewn arholiad. Ond ti oedd yn iawn, mi ges i groeso ganddyn nhw.'

'Wnaethoch chi gystadlu?'

'Ha! Naddo, es i ddim mor bell â hynna. Dw i wedi gorfod derbyn dw i ddim yn un ohonyn nhw rŵan. Fedra i ddim bod yn **Sioni bob ochr** ... **Ynda**!' Rhoddodd y pecyn yn ei llaw. Cymerodd Hanna'r pecyn. Edrychodd arno fo am funud. Doedd hi ddim wedi arfer cael anrhegion a doedd hi ddim yn siŵr beth i'w wneud – ei agor yn syth? Ta mynd â fo i'w hystafell i'w agor? Rhoddodd Mr Lewis yr ateb iddi.

'Agor o!' meddai.

Agorodd Hanna'r pecyn yn ofalus a thynnu bocs allan. Darllenodd yr ysgrifen arno fo.

'*Ever Ready* Ill ... Illu ...'

Torrodd y mistar ar ei thraws: '*Ever Ready Illuminated Torch*,' meddai.

Edrychodd Hanna **yn ddryslyd** arno fo.

'Be ydy o?' gofynnodd.

'*Torch*! Fflachlamp i **oleuo** dy lwybr fel dy fod ti'n medru gweld dy ffordd yn glir yn y tywyllwch,' meddai. 'A gweld oes 'na rywun yn cuddio yn y coed,' ychwanegodd efo gwên.

Edrychodd Hanna arno gan deimlo fel plentyn bach ar ddiwrnod 'Dolig, newydd edrych yn ei hosan a gweld doli newydd.

Sioni bob ochr – *a two-faced person* **ynda!** – *take this!*
yn ddryslyd – *confusedly* **goleuo** – *to light*

'Ond sut mae o'n gweithio?' gofynnodd.

'Trydan.'

'Trydan? Ydy o'n saff?' Roedd Hanna wedi clywed bod trydan yn beryglus. Roedd o newydd ddechrau cael ei ddefnyddio i droi'r peiriannau yn y chwarel, ac i oleuo strydoedd Bangor a Chaernarfon.

'Yndy siŵr. Hollol saff.'

Tynnodd Hanna'r fflachlamp o'r bocs.

'Sut mae o'n gweithio?'

'Efo batri.'

Cymerodd Mr Lewis y fflachlamp o'i llaw a'i droi ymlaen gan yrru **pelydr** o olau ar draws yr ystafell. Roedd Hanna wrth ei bodd. Gyrrodd Mr Lewis y pelydr i oleuo gwahanol gorneli'r ystafell gan orffen ar ben y piano.

'O, peidiwch! Mae o'n goleuo'r llwch i gyd!' **chwarddodd** Hanna.

Rhoddodd Mr Lewis y fflachlamp yn ei llaw, ond yn lle diolch dyma hi'n trio ei wrthod a dweud:

'Fedra i ddim! Mae hwn 'di costio llawer gormod.'

'Paid â bod yn wirion. Meddylia amdano fo fel rhan o dy gyflog.'

Roedd Hanna **bron â thorri ei bol** isio derbyn yr anrheg.

'Wel, os dach chi'n siŵr …'

'Perffaith siŵr.'

Cymerodd hi'r fflachlamp o'i llaw a gwenodd wên oedd yn cyrraedd o glust i glust.

'Diolch,' meddai. 'Mi edrycha i ar ei ôl o,' ac i ffwrdd â hi o'r ystafell, gan ddal ei **thrysor** newydd yn dynn.

pelydr – *ray*	**chwarddodd** – *(he/she) laughed*
bron â thorri ei bol – *dying to*	**trysor** – *treasure*

Y bore wedyn mi gafodd Hanna drafferth i godi. Roedd hi wedi treulio gormod o amser o dan y blancedi efo *Enoc Huws* y noson gynt. Roedd darllen nofel Daniel Owen yng ngolau ei fflachlamp newydd wedi bod yn llawer gwell na darllen wrth olau cannwyll. Diolchodd ei bod hi'n olau dydd pan oedd hi'n codi rŵan, doedd hi ddim yn hoffi codi yn y tywyllwch. Tywalltodd ddŵr o'r jwg mawr ar y bwrdd bach dan y ffenest i'r **basn blodeuog** i ymolchi. Aeth **ias** drwyddi wrth deimlo'r dŵr oer a theimlodd yn fwy effro yn syth. Tynnodd **grib** drwy ei gwallt trwchus cyn ei glymu i fyny ar dop ei phen yn frysiog. Edrychodd ar ei llun yn y drych. '**Wneith y tro**,' meddai hi. Wrth gerdded yn ddistaw i lawr y grisiau cefn i'r gegin roedd hi'n medru clywed sŵn **chwyrnu** Mr Lewis yn dod o'r *master bedroom* a gwenodd.

Roedd hi'n dal i wenu dair awr wedyn pan ddaeth Mrs Lewis i mewn i'r gegin. Diflannodd ei gwên pan glywodd ei neges.

'Hanna, mi dw i'n cael ymwelwyr am bedwar o'r gloch y prynhawn 'ma, tair gwraig. Gwna'n siŵr fod y parlwr **fel pin mewn papur** ac mi fyddwn ni angen te pnawn – brechdanau, sgons, bara brith a *Victoria sponge*. Oes 'na jam **mafon** yma?'

'Nac oes, dim ond mefus neu **gyrens duon**.'

'Wneith y jam mefus efo'r sgons ond mafon ydy'r gorau efo'r *sponge*. Mi fydd rhaid i ti fynd i'r pentre i nôl peth.' Mi wnaeth Hanna feddwl dweud bod y siopau yn reit bell o Lan Deulyn a doedd ganddi hi ddim llawer o amser os oedd hi'n mynd i wneud

basn blodeuog – *floral basin*	**ias** – *a shiver*
crib – *a comb*	**wneith y tro** – *it'll do*
chwyrnu – *to snore*	**fel pin mewn papur** – *shipshape*
mafon – *raspberries*	**cyrens duon** – *blackcurrants*

pob dim, ond penderfynodd na fasai Mrs Lewis yn hapus o glywed hynny felly mi wnaeth hi gadw'n ddistaw.

'Iawn, Mrs Lewis,' meddai.

Edrychodd Mrs Lewis arni ac ychwanegu,

'A gwna rywbeth am y gwallt 'na. Mae o fel nyth brân ar dy ben di.'

7

Hel clecs

Fel arfer roedd Hanna'n mwynhau pan oedd ciw yn siop William Lewis Grocery and Provisions, neu Siop Wil fel roedd pawb yn ei galw. Dyma'r lle i glywed newyddion y dydd – pwy oedd yn sâl, pwy oedd wedi marw, pwy oedd wedi dechrau canlyn a phwy oedd mewn trwbl. Mi fasai llawer o bobol wahanol yn disgwyl i Wil – a Lizzie oedd yn gweithio iddo fo ers dros ugain mlynedd – bwyso a lapio'r **nwyddau**. Merched oedd y rhan fwyaf yn y ciw, heblaw am ambell fachgen oedd wedi cael ei yrru gan ei fam i nôl **neges**. Roedd rhai yn medru **fforddio** prynu'r tuniau lliwgar ar y silffoedd uchel – tuniau o ffrwythau fel *apricots* a phinafal neu bysgod fel *salmon* a *pilchards*, ac eraill yn crafu eu ceiniogau i dalu eu **cownt** ar ddiwedd yr wythnos.

    Roedd gan y rhan fwyaf o'r cwsmeriaid lyfr cownt lle basai Wil yn sgwennu eu dyled a'r ddyled honno yn cael ei thalu ar fore Sadwrn fel arfer. Basai rhai yn rhoi eu rhestr neges ar ddarn o bapur i Wil ac mi fasai bachgen ifanc yn mynd â'r neges i'w tai ar ei *safety bicycle*. Basai eraill yn mynnu aros i weld popeth fasai'n mynd i mewn i'r fasged, er mwyn gwneud yn siŵr bod y grosar yn cael yr ordor yn iawn. Gadael ei hordor fasai Hanna fel arfer ond heddiw roedd rhaid iddi hi aros – yn ddiamynedd gan fod ganddi hi gymaint i'w wneud.

---

nwyddau – *goods*	**neges** – *message, shopping*
fforddio – *to afford*	**cownt** – *account*

'A sut ma' Hanna Parry heddiw 'ma?' meddai llais o ben draw'r cownter pren hir. Doedd dim rhaid i Hanna droi ei phen i wybod pwy oedd piau'r llais – Beti Williams, neu Beti Dew fel roedd hi'n cael ei galw. Roedd hynny achos mai Beti oedd enw'r wraig drws nesa iddi hefyd. Beti Denau oedd honno. Roedd Beti'n gwisgo siôl fawr binc tywyll beth bynnag fasai'r tywydd ac yn dynn am ei phen roedd het fach frown.

'Dw i'n dda iawn, diolch, a chitha?' atebodd Hanna.

'Go lew, yntê,' atebodd y wraig. Roedd **perlau** bach o chwys ar ei thalcen a'i bochau yn goch.

'Dydy'r **allt** yna'n mynd yn ddim llai a finna yn mynd ddim fengach,' ychwanegodd. Roedd Beti'n byw ar dop Allt Tŷ Gwyn ac roedd yn cymryd amser ac ymdrech i'r hen wraig **siglo** ei ffordd i lawr yr allt ac yna yn ôl i fyny. Ond roedd hi'n dod i lawr bob dydd – i osgoi talu i gael ei neges wedi ei **danfon**, meddai hi, ond er mwyn y cwmni a'r **hel clecs** mewn gwirionedd. Doedd neb yn gwybod ei hoed yn iawn ond roedd ei gŵr wedi ei gladdu ers o leia ugain mlynedd.

'A sut mae teulu newydd Glan Deulyn yn setlo?' gofynnodd Beti gan daflu ei llais ar draws y siop i gyrraedd Hanna, oedd yn gobeithio y basai rhywbeth neu rywun arall yn cymryd ei sylw yn sydyn. Yn anffodus roedd Beti yn aml yn siarad ei meddyliau yn uchel ac mi fasai pob math o bethau yn dod o'i cheg – er mawr hwyl i weddill cwsmeriaid y siop.

'Yn dda iawn, diolch,' atebodd Hanna gan groesi ei bysedd bod Beti'n cofio bod Wil yn ewythr i Owen Lewis. Doedd hi ddim isio

perlau – *pearls*	**allt** – *hill*
siglo – *to swing, to rock*	**danfon** – *to deliver*
hel clecs – *to gossip*	

iddi hi ddweud dim byd drwg amdano fo.

'Now Bach 'di gwneud yn dda iawn iddo fo'i hun, tydy?' aeth Beti ymlaen. 'Hogyn bach clyfar oedd o erioed. Ennill yng nghystadleuaeth **maes llafur** y capel bob blwyddyn pan oedd o yn yr ysgol. Ydy o'n dal i ganu y dyddiau 'ma?'

'Canu? Wn i ddim, dw i erioed wedi ei glywed o'n canu beth bynnag,' atebodd Hanna. Doedd hi ddim yn hoffi siarad yn gyhoeddus am ei meistri. Roedd hi'n gwybod am rai oedd wedi colli eu swyddi am wneud hynny.

'Llais fel angel ganddo fo, toes, Wil?' meddai Beti wrth y siopwr oedd yn brysur yn torri caws efo darn hir o **weiren**. Cododd Wil ei ben a gofyn,

'Be?'

'Deud ro'n i fod gan Now chi lais canu da.'

'O! Oes.' Aeth Wil ymlaen i bwyso'r darn caws.

'Er, dw i ddim yn synnu ei fod o ddim yn canu ddim mwy chwaith,' meddai Beti, 'o gofio beth ddigwyddodd ...'

Roedd y pum cwsmer arall oedd yn aros eu tro wedi deall bod yna stori ar ei ffordd ac wedi troi i edrych ar Beti. Edrychodd Hanna i ffwrdd. Doedd hi ddim isio i neb feddwl ei bod hi'n hel clecs am ei meistr, ond ymlaen aeth Beti.

'Ti'n cofio, on'd wyt, Lizzie? Cyngerdd mawr yng Nghapel Coch rhyw bum mlynedd yn ôl?'

'Faint o gig moch?' gofynnodd Lizzie.

'Pwys,' atebodd Beti cyn cario ymlaen â'i stori. 'Y lle yn llawn a Now Bach yn canu ar y llwyfan, a'i lygaid wedi cau pan, yn sydyn,

---

maes llafur – *Sunday school competition*
weiren – *wire*

mi wnaeth 'na wy hedfan o ganol y gynulleidfa a'i daro – slap! - ar dop ei ben. Roedd o'n sefyll yna, ei geg yn agor a chau fel pysgodyn mawr ...' Dechreuodd Beti chwerthin, ei chorff mawr yn ysgwyd fel jeli, '... a'r wy yn llithro i lawr ei wyneb!' meddai.

O, Mr Lewis druan, meddyliodd Hanna gan droi at Beti a gofyn, 'Ond pam? Pwy wnaeth?'

'Robin Dafydd. Roedd o'n meddwl ei fod o wedi **cael cam** gan Now yn y chwarel. Roedd Wilias Plismon am ei arestio fo ond mi fynnodd Now ei fod o'n gadael i'r mater fynd.'

'Dau swllt a thair ceiniog fydd hynna, mi wna i ei roi o yn y llyfr cownt i chi,' meddai Lizzie gan roi ei basged i Beti. Meddyliodd Hanna am Owen Lewis yn sefyll o flaen pawb a'i wyneb yn wy i gyd, a theimlodd **yn arw** drosto ac meddai wrth Beti yn flin,

'Dach chi ddim i fod i wneud hwyl am ben pobol, Beti Williams. Dydy hi ddim yn hawdd dringo'r ysgol i'r top.'

Gafaelodd Beti yn ei basged a **llusgo** ei chorff trwm oddi ar y gadair gan wenu ar Hanna.

'Chwarae teg i ti am **achub ei ran o,** ond dyna sydd i'w ddisgwyl, yntê, a hwnnw'n talu dy gyflog di,' meddai. 'Ac mae o'n ddyn smart hefyd, tydy?' ychwanegodd wrth siglo ei chorff drwy'r drws a dweud dros ei hysgwydd,

'Cofia fi ato fo!'

Wna i ddim! meddyliodd Hanna gan droi i roi ei hordor i Wil.

---

cael cam – *wronged*	**yn arw** – *greatly*
llusgo – *to drag*	**achub ei ran o** – *to stick up for him*

8

Y Women's Freedom League

Roedd Hanna wrthi'n rhoi siwgr mân ar ben y gacen *sponge* pan ganodd cloch y drws ffrynt. Rhoddodd y gacen yn ofalus ar blât cyn brysio i newid i'w ffedog orau. Clywodd lais Mrs Lewis yn galw o'r parlwr.

'Hanna! Drws!'

'Ar fy ffordd, ar fy ffordd ...' meddai wrthi hi ei hun. Mi fasai Mrs Lewis yn agor y drws ffrynt ei hun fel arfer. Mae'n rhaid bod yr ymwelwyr yn bobol roedd hi isio gwneud **argraff** dda arnyn nhw, meddyliodd.

Y peth cynta welodd Hanna, ar ôl agor y drws, oedd dau lygad **disglair** llwynog yn syllu arni hi o'r *stole* oedd o amgylch ysgwyddau'r wraig o'i blaen. Ych-a-fi! meddyliodd, pwy fasai isio gwisgo anifail wedi marw rownd eu **gwddw**? Yr ateb i'r cwestiwn yna oedd Miss Gwendoline Prydderch BA, athrawes yn yr ysgol ramadeg leol. Roedd hi'n ddynes dal, ac yn sefyll yn syth fel soldiwr.

'Helô – Hanna dach chi, yntê?' gofynnodd gyda gwên. 'Chwaer Richard ... Dic Parry?'

'Ia,' atebodd Hanna.

'A sut mae Richard?' gofynnodd wrth fynd heibio iddi. 'Wedi setlo yn iawn yn Aberystwyth, gobeithio?'

---

argraff – *impression*   **disglair** – *shiny*

gwddw – *neck (also, throat)*

'Ym, do, diolch,' atebodd Hanna oedd yn methu tynnu ei llygaid oddi ar lygaid y llwynog.

Gwenodd Miss Prydderch.

'Dw i'n gweld eich bod chi'n **edmygu** fy *stole*. Gewch chi ei deimlo fo os liciwch chi,' **cynigiodd** yn garedig. Gwrthododd y cynnig yn gwrtais cyn gadael iddi ddod i mewn gan ddweud,

'Ffordd yma i'r parlwr.'

Erbyn i Mrs Lloyd-Evans, gwraig Ellis Lloyd-Evans, perchennog gwesty'r Snowdon View, a Miss Mabel Winstanley BA, merch y fferyllydd, gyrraedd roedd y te pnawn yn barod. Mae o'n edrych yn bictiwr, meddyliodd Hanna wrth iddi gario'r hambwrdd i mewn i'r parlwr. Wrth iddi dywallt y te, triodd ddyfalu beth oedd gan y pedair yma, oedd â'u hoglau **persawr** melys yn llenwi'r parlwr, yn gyffredin. Roedd Miss Prydderch tua'r un oed â Mrs Lewis, Miss Winstanley yn llawer fengach a Mrs Lloyd-Evans rywle yn y canol. Ddim y capel, meddyliodd, achos roedd hi'n gwybod mai i'r eglwys roedd Miss Winstanley yn mynd a doedden nhw ddim yn perthyn i'r *sewing bee* neu mi fasai ganddyn nhw waith gwnïo efo nhw.

'Mae'n **ddyletswydd** arnon ni ferched i gymryd diddordeb mewn gwleidyddiaeth,' meddai Miss Prydderch, gan ddal ei chwpan i Hanna ei llenwi.

'Ydy,' cytunodd Miss Winstanley. 'Mae'n rhaid i ni ddangos i'r dynion ein bod ni'n medru deall a thrafod gwleidyddiaeth cystal â nhw.'

---

edmygu – *to admire*
cynigiodd, cynigodd – *(he/she) offered* (**cynnig** – *offer*)
persawr – *perfume*   **dyletswydd** – *duty*

Ac wrth glywed yr **angerdd** yn ei llais cofiodd Hanna iddi ei chlywed yn siarad ar ran y Women's Freedom League mewn cyfarfod agored ar y Maes yng Nghaernarfon ddechrau'r flwyddyn. **Cododd ei chlustiau**.

'O, wn i ddim,' meddai Mrs Lewis. 'Dw i ddim wedi cael addysg fel chi, ychydig iawn fydda i'n ei ddeall, wir.'

'Dw i ddim wedi cael coleg chwaith,' meddai Mrs Lloyd-Evans, 'ond mi fedra i ddarllen y papurau.'

Braf arnoch chi yn cael yr amser, meddyliodd Hanna wrth iddi hi sylweddoli mai aelodau o'r Women's Freedom League oedd y tair yma. Oedden nhw wedi dod i drio perswadio Mrs Lewis i ymuno â nhw?

'Ond mae gwleidyddiaeth mor ddiflas!' meddai Mrs Lewis. 'Mi fydd Owen yn trio fy nghael i ddangos diddordeb weithiau, ond mae'n well gen i adael iddo fo drafod pethau fel'na efo'i ffrindiau. Mae'r dynion yn deall llawer mwy na fi.'

'Ond dach chi ddim yn meddwl ei bod hi'n iawn i ferched gael yr hawl i bleidleisio?' gofynnodd Miss Prydderch. Bron i Hanna â nodio ei hateb hi wrth iddi dorri'r gacen *sponge* ond edrych yn **amheus** wnaeth Mrs Lewis a dweud:

'Cymrwch ddarn o fara brith, Miss Prydderch, mae Hanna yn gwneud bara brith neis iawn.'

'Mae'r Women's Freedom League yn tyfu bob dydd, Mrs Lewis,' meddai Mrs Lloyd-Evans, 'a channoedd o ferched fel chi a fi yn ymuno efo nhw.'

---

angerdd – *passion*
codi clustiau – *to prick up one's ears, to listen intently*
amheus – *doubtful, suspicious*

'Ond pam dach chi yn erbyn Lloyd George pan mae o'n cefnogi'r mudiad merched?'

Trodd y merched i gyd i edrych ar Hanna a sylweddolodd hi mai o'i cheg hi ei hun y daeth y geiriau. Roedd hi wedi gwneud yr un peth â Beti Dew ac wedi siarad ei meddyliau yn uchel!

'Hanna!' meddai Mrs Lewis yn flin.

Rhoddodd Hanna ei phen i lawr a dweud, 'Sori'.

'Na, gadewch iddi hi,' meddai Miss Prydderch. 'Mae hi'n gofyn cwestiwn teg. Dydy pawb ohonon ni ddim yn erbyn Lloyd George,' meddai hi.

'Dydy'r ffaith ein bod ni i gyd yn cytuno y dylai merched gael yr hawl i bleidleisio ddim yn golygu ein bod ni i gyd yn cefnogi yr un blaid,' meddai Miss Winstanley.

'Ond dw i wedi darllen mai **atodiad** i'r Torïaid ydi'r Women's Freedom League a dim ond i un dosbarth o ferched fasai'r rheina yn rhoi'r bleidlais!' meddai Hanna.

'Hanna – mwy o ddŵr poeth!' **gorchmynnodd** Mrs Lewis gan godi ar ei thraed a gwthio'r tebot i'w dwylo.

Safodd Hanna wrth y *range* yn disgwyl i'r tegell ferwi. Roedd ei thu mewn hi'n berwi hefyd. Dw i mewn trwbl rŵan, meddyliodd, roedd Mrs Lewis yn edrych mor flin ac mi fydd hi'n siŵr o gwyno amdana i wrth Mr Lewis, ond pam dydy fy marn i ddim yn cyfri? Dydy faint o bres sy gan rywun ddim yn gwneud gwahaniaeth i faint sydd ganddyn nhw yn eu pen! Clywodd sŵn traed yn cerdded tua'r gegin. O, dyma ni, meddyliodd, rŵan dw i am gael **ffrae**! Cododd yn barod i ymddiheuro eto.

atodiad – *appendix*	**gorchymyn** – *command*
safodd – *he/she stood*	**ffrae** – *a row*

'Mae'n wir ddrwg gen i ...' cychwynnodd ond torrodd Mrs Lewis ar ei thraws.

'Hanna ...' meddai. 'Dw i wedi cael neges gan Mr Lewis. Rhaid i ti fynd i Ysbyty'r Chwarel yn syth. Mae dy dad wedi cael damwain ...'

9
Damwain yn y chwarel

Roedd Hanna'n medru clywed ei chalon yn curo yn ei chlustiau wrth iddi hi redeg tuag at Ysbyty'r Chwarel, y llechi mân dan ei thraed yn mynd i bob cyfeiriad. Yr unig beth roedd hi'n ei wybod oedd bod ei thad wedi cael damwain a bod Wil ei brawd wedi mynd i ddweud wrth eu mam. Roedd ei dychymyg yn llawn o luniau – ei thad yn **anymwybodol** a'i ben yn waed i gyd; ei thad yn gweiddi mewn poen dan **domen** o gerrig; ei thad yn gorwedd yn farw … Arafodd wrth iddi ddod yn agos at ddrws yr ysbyty. Roedd ganddi hi ofn mynd i mewn. Cymerodd **anadl ddofn** a chanu'r gloch.

    Roedd ei thad yn gorwedd ar wely mewn ystafell fach, ei goes chwith mewn sblint, a golwg benderfynol ar ei wyneb **gwelw**. Yn sefyll wrth ei ochr a golwg **yr un mor benderfynol** ar ei hwyneb roedd y metron.

    'Hanna!' meddai ei thad. 'Duda wrth y ddynes 'ma am adael i mi fynd adra, wnei di!'

    Gollyngodd Hanna anadl hir o **ryddhad**. Doedd hi ddim yn edrych fel tasai unrhyw beth mawr yn bod arno fo. Trodd y metron ati.

anymwybodol – *unconscious*	**tomen** – *a pile, a heap*
anadl – *breath*	**anadl ddofn** – *a deep breath*
gwelw – *pale*	
yr un mor benderfynol – *equally determined*	
rhyddhad – *relief*	

'Chi ydy merch Mr Parry?' gofynnodd.

'Ia.'

'Wel, wnewch chi drio cael eich tad i weld sens, os gwelwch yn dda? Mae'r doctor yn meddwl ei fod o wedi torri ei goes ac isio iddo fo gael *x-ray*, ond mae o'n gwrthod.'

'Dw i ddim angen rhyw hen ffỳs, mi fydda i'n iawn,' meddai Twm gan geisio llusgo ei hun oddi ar y gwely. Rhoddodd sgrech o boen. 'Go drapia!' meddai, a gorwedd yn ôl ar y gwely. Brysiodd Hanna at ei ochr.

'Dach chi'n iawn?' gofynnodd, er ei bod hi'n gwybod bod hwnnw'n gwestiwn gwirion.

'Fydda i'n iawn pan ga i fynd o'r lle 'ma!'

Trodd Hanna at y metron a gofyn, 'Ga i funud efo Nhad, os gwelwch yn dda?'

Eisteddodd ar ymyl y gwely a holi, 'Be ddigwyddodd?'

Ochneidiodd ei thad. 'Darn o graig wnaeth **ddisgyn** wrth i mi gerdded ar draws y galeri, ac wrth i mi neidio o'r ffordd mi wnes i **faglu** dros garreg arall a syrthio. Fedra i ddim credu mod i wedi torri fy nghoes wrth wneud peth mor wirion.'

Aeth ias drwy Hanna wrth iddi feddwl beth fasai wedi medru digwydd, a beth oedd wedi digwydd yn y chwarel gymaint o weithiau.

'Pam na wnewch chi adael iddyn nhw roi *x-ray* i chi?'

'Dw i ddim angen *x-ray*, angen mynd at y **meddyg esgyrn** dw i!'

'Mi fasai'n rhaid i chi *dalu*'r meddyg esgyrn, fydd dim rhaid i chi dalu am eich triniaeth yma.'

---

disgyn – *to fall* **baglu** – *to trip*
meddyg esgyrn – *bonesetter*

'Dw i wedi talu! Ers blynyddoedd – talu o 'nghyflog bob mis a heb dynnu yr un **ddimai** allan.'

'Fasai hi ddim yn well i chi gael eich arian yn ôl, ta?'

'Hm ...' meddai Twm. Doedd o ddim wedi meddwl am hyn.

'Ydy'r *x-ray* 'ma yn beth saff dŵad?' gofynnodd.

'Wel yndy, siŵr, maen nhw wedi bod yn ei ddefnyddio fo yma ers dros ddeg mlynedd.'

Gafaelodd Twm ym mraich Hanna a'i thynnu **tuag ato** a dweud yn ddistaw, ei lais yn llawn ofn:

'Mi ddudon nhw ella basai rhaid i mi gael *operation*!'

'Wel, fasai'n well i chi adael iddyn nhw weld yr asgwrn yn iawn felly, basai?'

Syllodd Twm yn syth yn ei flaen am eiliad cyn dweud,

'Iawn, ta. Mi gymera i'r *x-ray* ond dim *operation*!'

Un cam ar y tro, meddyliodd Hanna.

Erbyn i'w mam a'i brawd gyrraedd, roedd Hanna'n sefyll tu allan i'r ysbyty yn disgwyl amdanyn nhw. Rhedodd atyn nhw. Roedd wyneb ei mam yn llawn consýrn. Safodd Wil wrth eu hochr a **golwg be wna i** arno fo. Roedd o wedi cael dipyn o sioc. Roedd o wedi gweld y ddamwain yn digwydd.

'Gawn ni fynd i'w weld o?' gofynnodd Neli.

'Dim ar y funud, maen nhw wrthi'n rhoi *x-ray* ar ei goes o,' atebodd Hanna. 'Ddôn nhw i chwilio amdanon ni pan fydd o'n barod i gael fisitors.'

dimai – *a halfpenny*		
tuag at – *towards*		**tuag ato** – *towards him*
golwg be wna i – *a look of confusion* (lit. *a look of what will I do*)		

Aeth Hanna a'i mam i eistedd ar un o'r ddwy fainc oedd o flaen drws yr ysbyty ac eisteddodd Neli a dechrau crio'n ddistaw. Dychrynodd Wil o weld ei fam yn crio ac aeth at y wal i sgwrsio efo claf oedd yn eistedd arni yn cael smôc dawel. Gafaelodd Hanna am ei mam. Doedd hi ddim wedi arfer ei gweld hi'n crio, er ei bod hi wedi ei chlywed yn crio y tu ôl i ddrws ei llofft fwy nag unwaith.

'Mi fydd o'n iawn, dw i'n siŵr i chi. Mae'r doctoriaid yma yn wych.'

'Ond sut dan ni'n mynd i fanejo, Hanna fach? A dy dad yn methu gweithio?'

'Mi geith *sick pay*, ceith? A does dim rhaid poeni am dalu am y driniaeth.'

'Mae hynna'n ddigon gwir, diolch byth, ond dydy'r *sick pay* ddim yn mynd i fynd yn bell iawn, yn enwedig os bydd dy dad yn methu gweithio am fisoedd.'

'Wel, mi fydd rhaid i Nansi ac Eban roi arian at gadw Jini i ddechrau, on' bydd?' Roedd Hanna yn adnabod ei theulu, a doedden nhw ddim yn talu dros Jini, roedd hi'n eitha siŵr o hynny. 'Mi fydd popeth yn iawn, gewch chi weld,' ychwanegodd.

Troi ei hances boced drosodd a throsodd yn ei llaw wnaeth Neli.

'Peidiwch â **mynd o flaen gofid** rŵan, Mam. Dan ni ddim yn gwybod pa mor ddrwg ydy'r damej i goes Nhad eto, ella fydd o ddim angen *operation*.'

'*Operation*? Fydd rhaid iddo fo gael *operation*? Mi wyt ti'n gwybod be ddigwyddodd i dy daid ar ôl iddo fo gael *operation* ar ei law – wnaeth o ond byw am ddau fis wedyn!' Dechreuodd Neli grio eto.

---

mynd o flaen gofid – *to worry needlessly*

'Mae pethau wedi newid llawer ers hynny,' meddai Hanna. Yna, mi glywon nhw lais Wil yn galw 'Mam …' ac mi welon nhw fod y meddyg a'r metron yn cerdded tuag atyn nhw. Cododd Hanna ar ei thraed i'w **hwynebu**.

---

wynebu – *to face*

10
Colli swydd?

Diolch i'r nefoedd! meddyliodd Hanna – doedd ei thad hi ddim angen llawdriniaeth. Oedd, roedd o wedi torri ei goes ond roedd y doctor yn credu y basai'r goes yn **mendio ohoni'i hun**, o gael ei gadael yn y Thomas Splint am rai wythnosau. Doedd Twm ddim yn hapus o glywed bod rhaid iddo fo aros yn yr ysbyty am ychydig ddyddiau.

'Pam mae'n rhaid i mi aros yma? Mi fedra i orffwys llawer gwell yn fy ngwely fy hun!' cwynodd wrth ei deulu. Roedd o wedi cael ei symud i ward erbyn hyn a'r metron wedi rhoi **caniatâd** i'w deulu fynd ato fo am bum munud.

'Maen nhw isio **cadw golwg** arnat ti am dy fod di wedi cael cnoc ar dy ben,' meddai Neli.

'Mae 'mhen i'n iawn!' Cododd Twm ei lais, cyn ei ostwng eto wrth weld sylw'r tri chlaf arall yn y ward yn troi tuag ato. 'Dim ond **pwt o gur pen** ydy o. Mi fasai'n gwella'n syth taswn i'n cael smocio fy nghetyn!' meddai fo wedyn yn ddistawach.

'Dach chi isio i mi eich helpu chi i fynd allan am smôc, Nhad?' cynigiodd Wil.

'Mae'r metron yn deud bod rhaid iddo fo aros yn llonydd,' meddai Neli.

mendio ohoni'i hun, mendio ohono'i hun – *to mend itself*	
caniatâd – *permission*	**cadw golwg** – *to keep an eye*
pwt o gur pen – *a bit of a headache*	

Ochneidiodd Twm yn ddwfn.

'**Cynta'n y byd** ga i fynd adra, **gorau'n y byd**,' meddai.

'Well i ni fynd rŵan i chi gael llonydd,' meddai Hanna.

'Na! Peidiwch â mynd rŵan ...' meddai, ac am y tro cynta yn ei bywyd teimlodd Hanna biti dros ei thad – y dyn **cadarn** tawel, asgwrn cefn ei deulu, nawr yn edrych ar goll yn gorwedd mewn gwely diarth yn ei grys nos benthyg.

'Ewch chi,' meddai Hanna wrth ei mam a'i brawd, 'mae gynnoch chi dipyn o ffordd i gerdded adra. Mi arhosa i am 'chydig o funudau, dw i ond yn byw i lawr y ffordd.'

'Fasai hi ddim yn well i ti fynd yn ôl at dy waith?' gofynnodd Neli.

'Wneith ychydig mwy o funudau ddim gwahaniaeth,' meddai Hanna. Ella na fasai ganddi hi waith i fynd yn ôl iddo fo, ar ôl siarad efo ymwelwyr Mrs Lewis fel y gwnaeth hi.

Eisteddodd Hanna yn ddistaw wrth ochr gwely ei thad yn ei wylio yn llithro i gysgu. Sut *oedd* ei theulu am ymdopi, â'r **penteulu**'n methu gweithio? Mi fasai'n rhaid i Wil anghofio ei gynlluniau i briodi am ychydig a basai'n rhaid i Hanna hefyd anghofio am yr het yn siop G. O. Griffith. A beth os oedd Mrs Lewis mor flin efo hi y basai hi'n colli ei swydd?

'Mi fasai'n well i mi fynd i ffeindio allan, mae'n siŵr,' meddai hi wrthi ei hun gan godi o'r gadair wrth y gwely. Roedd ei thad yn chwyrnu'n ysgafn erbyn hyn. Plygodd a rhoi cusan iddo ar ei dalcen, rhywbeth na fasai fyth wedi mentro ei wneud tasai fo'n effro. Gwenodd ar y cleifion eraill a cherddodd yn ddistaw o'r ysbyty.

---

cynta'n y byd, gorau'n y byd – *the sooner the better*

cadarn – *strong* **penteulu** – *the head of the family*

Roedd hi wedi dechrau oeri erbyn hyn a'r haul wedi diflannu, a gan ei bod hi wedi rhuthro i'r ysbyty doedd ganddi hi ddim siôl i'w chadw hi'n gynnes. **Atseiniodd crensian** ei thraed ar y cerrig yn erbyn y waliau llechi uchel oedd bob ochr i'r llwybr o'r ysbyty. Clywodd sŵn pâr arall o draed yn dod i'w chyfarfod ac roedd hi'n gallu gweld siâp dyn yn y **gwyll**. Rhoddodd ei phen i lawr ac aros yn agos at y wal. Clywodd gamau'r dyn yn arafu a chyflymodd ei rhai hi.

'Hanna?' meddai llais **cyfarwydd** – Mr Lewis oedd o. Safodd yn llonydd a throi i'w wynebu.

'Sut mae dy dad?' gofynnodd, ac wrth glywed y consýrn yn ei lais a theimlo rhyddhad o wybod pwy oedd yno, cwympodd ei hysgwyddau a dechreuodd dagrau poeth rowlio i lawr ei bochau. Teimlodd freichiau cadarn yn cau amdani a **brethyn bras** siaced Mr Lewis yn erbyn ei boch. Gadawodd i'r breichiau ei chynnal a **phwysodd yn** ei **erbyn**. Wnaeth o ddim gollwng ei freichiau a wnaeth hi ddim symud. Roedd bod ym mreichiau dyn yn brofiad diarth i Hanna. Roedd hi'n medru arogli mwg baco arno fo, ac oglau ecsotig yr olew Macassar roedd o'n ei ddefnyddio ar ei wallt. Am eiliad mi safodd y ddau yn hollol lonydd a distaw ac am yr ail waith y diwrnod hwnnw teimlodd Hanna ei chalon yn curo'n uchel.

Mr Lewis dorrodd y tawelwch wrth ollwng ei afael ar Hanna a gofyn yn **dyner**,

atseinio – *to echo*	**crensian** – *crunch*
gwyll – *twilight*	**cyfarwydd** – *familiar*
brethyn bras – *rough cloth*	**pwyso yn erbyn** – *to lean against*
tyner – *tender*	**yn dyner** – *tenderly*

'Wyt ti'n iawn?'

Nodiodd Hanna, am unwaith wedi colli ei thafod. Aeth Mr Lewis ymlaen,

'Wna i fynd yn sydyn i'w weld o rŵan.'

Nodiodd Hanna eto cyn ysgwyd ei phen a dweud, 'Does dim pwynt, mae o'n cysgu'.

'Ty'd ta, adra â ni i'r tŷ cynnes, mi rwyt ti'n **crynu**,' meddai Mr Lewis.

Am eiliad meddyliodd Hanna ei fod o am afael yn ei llaw ond wnaeth o ddim. Cerddodd y ddau ochr yn ochr, mewn tawelwch, i lawr y ffordd. Roedd meddwl Hanna'n troi wrth iddi hi drio deall beth oedd y teimladau cynnes oedd yn saethu drwyddi hi, a pham roedd hi'n **ysu** am i Mr Lewis afael yn ei llaw. Yna cofiodd yn sydyn am beth ddigwyddodd yn y pnawn efo'r merched yn y parlwr.

'Mr Lewis ... dach chi wedi gweld Mrs Lewis heno?'

'Do,' atebodd.

'Mae'n ... mae'n siŵr ei bod hi wedi deud wrthoch chi beth ddigwyddodd pnawn 'ma?'

Safodd Mr Lewis a throi i'w hwynebu.

'Efo merched y Women's Freedom League? Do. Mae Mary wedi gofyn i mi gael gair efo **chdi** a deud y gwir.'

Daliodd Hanna ei gwynt. Edrychodd Mr Lewis arni hi.

'Paid ag edrych mor ddifrifol, Hanna fach,' meddai ac yna dechreuodd chwerthin. 'Mi faswn i wedi bod wrth fy modd yn gweld wyneb Mary!'

'Dw i'n siŵr bod fy wyneb i'n werth ei weld hefyd,' meddai

---

crynu – *to shake, to shiver*	**ysu** – *to yearn*
chdi (gog llafar) = **ti**	

Hanna, 'pan sylweddolais i mod i wedi deud beth oedd ar fy meddwl yn uchel! Roedd Mrs Lewis yn edrych mor flin ... Ydw i'n gorfod gadael?' gofynnodd mewn llais bach.

Gwenodd Mr Lewis.

'Nac wyt, siŵr. Doedd Mary ddim yn rhy hapus ond mae hi'n gwybod dy werth di – mi fasai hi **ar goll** yn ceisio cadw trefn ar y tŷ hebddat ti.'

'Diolch.' Plygodd Hanna ei phen i guddio'r dagrau o ryddhad yn ei llygaid. 'Wna i byth siarad fel'na eto,' meddai.

'Wel, ella bydd rhaid i ti – mae Miss Prydderch wedi gofyn i Mary fynd â ti efo hi i gyfarfod o'r Women's League yng Nghaernarfon wythnos i fory!'

Cododd Hanna ei phen mewn syndod ac edrych arno'n **gegagored**. Chwarddodd Mr Lewis eto, cyn codi ei fraich at ei hysgwydd a'i harwain drwy giatiau Glan Deulyn.

---

ar goll – *lost* **yn gcgagorcd** – *open mouthed*

11

Humbugs a baco

Bore dydd Sadwrn, penderfynodd Hanna **osgoi** Mrs Lewis, yn y gobaith y basai hi'n anghofio am y prynhawn **cynt**. Roedd hynny'n reit hawdd achos mi aeth Mrs Lewis ar y trên i Bwllheli **ben bore** i aros noson efo'i chwaer. Yn y gegin roedd Hanna y rhan fwya o'r amser ar fore Sadwrn – yn pobi a choginio yn barod at y Sul. Roedd dyddiau Sul yn ddyddiau gorffwys – hyd yn oed i forwyn fel hi – er, mi fasai Hanna yn torri rhywfaint ar y rheol drwy roi dillad budr i **socian** dros nos mewn dŵr a *soda crystals* ar nos Sul. Roedd hyn yn gwneud ei gwaith golchi ar y Llun ychydig yn haws.

Roedd ei meddwl yn bell wrth iddi hi rowlio **toes** ar gyfer gwneud tarten afalau, a wnaeth hi ddim clywed sŵn traed yn cerdded i'r gegin. Neidiodd pan glywodd lais y tu ôl iddi.

'Mae 'na oglau da iawn yma.'

'O! Mr Lewis, wnaethoch chi 'nychryn i!'

'Mae'n ddrwg gen i – mae hyn yn dechrau mynd yn arfer gen i, tydy!' meddai ei meistr gyda gwên.

Sychodd Hanna ei dwylo yn ei ffedog a gofyn,

'Be fedra i wneud i chi?' gan obeithio ei fod o ddim am ofyn iddi hi wneud mwy y prynhawn hwnnw. Pnawn Sadwrn oedd ei hamser rhydd ac mi fasai hi'n edrych ymlaen yn arw ato fo,

---

osgoi – *to avoid*   **cynt** – *previous (also, sooner, quicker)*
ben bore = y peth cynta yn y bore
socian – *to soak*   **toes** – *dough, pastry*

cyfnod byr pan oedd hi'n cael gwneud unrhyw beth roedd hi isio ei wneud. Oedd, roedd dyddiau Sul yn ddyddiau rhydd, ond roedd patrwm pendant i ddydd Sul fel arfer – capel a chinio efo'r teulu.

'Wyt ti am fynd i weld dy dad pnawn yma?' gofynnodd Mr Lewis.

'Yndw,' atebodd hi. Roedd hi wedi bod yn poeni amdano fo ac isio gwybod sut noson gafodd o.

'Dw i am fynd hefyd,' meddai Mr Lewis.

Roedd Hanna'n gwybod bod disgwyl iddo fo fynd i weld ei thad fel rhan o'i waith fel arolygwr y chwarel ond diolchodd iddo fo beth bynnag. Dechreuodd boeni sut groeso fasai ei thad yn ei roi i 'Now Bach Crafwr'.

'Pryd wyt ti'n meddwl fasai orau? Dw i ddim isio **mynd ar eich traws** chi fel teulu a dw i'n gwybod bod y metron yn strict am y rheolau – dim mwy na dau ymwelydd ar yr un pryd.'

'Swn i ddim yn licio croesi'r metron,' gwenodd Hanna. Penderfynodd y basai hi'n well iddo fo fynd tra oedd ei mam yno; mi fasai 'na well siawns i'w thad fod yn gwrtais os oedd ei wraig yno.

'Tua dau?' cynigiodd. Basai hynna'n rhoi digon o amser i'w mam glirio ar ôl cinio a cherdded o'r pentref. 'Mi a' i yno yn hwyrach, dw i angen **picio** i'r pentre gynta,' ychwanegodd.

Ar ôl gweini cinio, brysiodd Hanna i orffen clirio, golchi a chadw'r llestri, sgubo llawr yr ystafell fwyta a'r gegin, a rhoi glo ar y tân cyn newid o'i dillad gwaith i'w dillad dydd Sadwrn. Roedd hi am bicio i'r pentref i nôl pecyn o *humbugs* i'w thad, ei hoff dda da. Mi fasai bwyta da da yn rhoi rhywbeth iddo ei wneud, rŵan

---

mynd ar eich traws – *to interrupt (lit. to go across you)*

picio – *to pop, to dash*

doedd y cetyn ddim yn ei geg. Edrychodd arni ei hun yn y drych bach i osod ei het ar ei phen. Roedd ei bochau'n goch ar ôl brysio i orffen ei gwaith. **Bechod** na fasai ganddi hi becyn bach o *papier poudre*, fel oedd gan Mrs Lewis, i daro dros ei thrwyn a'i bochau i'w gwneud yn fwy gwelw, meddyliodd. A thrwyn llai, llygaid mwy a **gên** llai sgwâr! Dim hi oedd y ddela o ferched Twm a Neli Parry, roedd hi'n gwybod hynny; ddim bod hynna wedi poeni llawer ar Hanna erioed. Roedd hi'n cael llonydd gan y bechgyn – ddim fel Nansi ei chwaer oedd, efo'i llygaid mawr glas, ei gwallt hir melyn a'i chroen fel doli *china*, yn ferch ddel iawn. Mi fasai bechgyn ifanc yn aml yn trio cael sgwrs efo Nansi yn y capel neu ar y stryd ac mi dorrodd fwy nag un ei galon pan briododd hi Eban.

Dim ond dau o blant bach oedd yn siop dda da Miss Ellis pan agorodd hi'r drws, y ddau efo dimai bob un. Gwelodd Hanna Miss Ellis yn rhoi llygoden siwgr yr un i mewn i'r ddau fag papur, ar ben y da da eraill, a gwenodd. Roedd gan yr hen Miss Ellis galon feddal, ac roedd hi wrth ei bodd efo plant.

'Hanna!' meddai Miss Ellis, 'Sut mae dy dad? Mi glywes i am y ddamwain.'

Do, mae'n siŵr, meddyliodd Hanna – mi fasai'r hanes wedi mynd rownd y pentref i gyd erbyn hyn.

'Mi fasai hi wedi medru bod yn llawer gwaeth, diolch am ofyn,' atebodd hi. 'Ar y ffordd yno rydw i, a meddwl y baswn i'n cael chwarter o *humbugs* i fynd efo fi.'

'Cofia fi ato fo,' meddai Miss Ellis gan droi rownd a sefyll ar stôl fach i estyn y jar mawr o *humbugs* oedd yn sefyll mewn rhes o jariau mawr yn llawn o dda da lliwgar o bob math – Pear Drops,

---

bechod (**gog**) = **dyna drueni** (**de**)   **gên** – *chin*

Sherbet Lemons, Cough Candy, Aniseed Twists a Liquorice Allsorts ac eraill.

Pwysodd Miss Ellis ychydig dros bedair owns o *humbugs* a'u rhoi nhw mewn bag bach gan droi ceg y bag i'w gau yn dynn. Estynnodd Hanna am ei phwrs.

'Mae'n iawn,' meddai Miss Ellis, 'mi geith o nhw gen i, yli. Ac ynda,' cymerodd focs bach oddi ar y cownter, 'rho'r rhain iddo fo hefyd – Fruit Pastilles. Maen nhw'n dda i **dorri syched**.'

Wedi iddi hi adael y siop daeth wyneb yn wyneb â Robat Tŷ Pen, oedd yn sefyll yn syth o'i blaen hi fel bod ganddi hi ddim dewis ond sefyll yn llonydd ei hun.

'Pnawn da, Robat,' meddai Hanna.

'Weles i ti … wnes i ddisgwyl i ti … hynny ydy, ro'n i isio …'

Disgwyliodd Hanna i'r gŵr ifanc ddod at ei bwynt. Roedd ei lygaid tywyll yn edrych i bob man heblaw i wyneb Hanna ac roedd hi'n gallu gweld **mymryn** o **wrid** yn codi yn ei wddw llydan.

Roedd o'n ddyn cryf bron i chwe throedfedd ac yn chwarelwr fel ei dad. Ond tra oedd ei dad yn gweithio mewn cwt yn hollti a naddu, **creigiwr** oedd Robat, yn treulio ei amser ar wyneb y graig ym mhob tywydd.

'Sut mae Twm?' gofynnodd o'r diwedd.

'Yn well, gobeithio. Ar y ffordd i'w weld o rydw i rŵan.'

'O, da iawn! Hynny ydy … da iawn bod chdi'n mynd i'w weld o rŵan achos … a da iawn ei fod o'n gwella, wrth gwrs …'

---

torri syched – *to quench a thirst*
mymryn – *the smallest possible amount*
gwrid – *a blush*   **creigiwr**   *rockman*

Gwthiodd ei law drwy ei wallt a chwythu ei anadl allan yn swnllyd tra'n edrych ar ei draed.

'Wel, mi fasai'n well i mi fynd, mi fydd o'n fy nisgwyl i,' meddai Hanna gan gychwyn cerdded.

'Ynda!' meddai Robat gan estyn tun bach o'i boced a'i wthio i'w llaw hi. 'Baco … i dy dad … Brython Shag … i dy dad.' Ar y gair ola cododd ei ben i edrych arni. Gwenodd Hanna arno a gwasgu ei law oedd yn dal i afael yn y baco.

'Diolch i ti, Robat, mi fydd o wrth ei fodd efo hwnna.'

Gwenodd Robat yn swil. Nodiodd ar Hanna ac i ffwrdd â fo i lawr y stryd gan ddal ei ben yn uchel. Aeth Hanna yn ei blaen i gyfeiriad yr ysbyty yn dal i wenu iddi hi ei hun. Un annwyl oedd Robat Tŷ Pen, meddyliodd, hyd yn oed os oedd o'n methu gorffen brawddeg!

12

'Mae Duw a fi yn dallt ein gilydd!'

Mi gymerodd hi fwy o amser i alw yn y pentref nag oedd Hanna wedi meddwl gan fod cymaint o bobol yn ei stopio hi i holi am ei thad. Erbyn iddi hi gyrraedd pen draw'r stryd fawr roedd ei basged yn llawn o anrhegion iddo fo. Yn ogystal â'r *humbugs* a'r baco roedd papur newydd gan Nedw Pritchard, **cacen wy** gan Beti Dew a dwy botel o gwrw gan Huw Llygaid Croes. Mi fydd rhaid i mi smyglo'r cwrw heibio i'r metron a Mam, meddyliodd Hanna. Roedd Neli yn **llwyrymwrthodwr**, fel y rhan fwyaf o aelodau capeli'r pentref. Ond doedd pob un ddim wir yn cadw at eu **llw dirwest**. Roedd mwy nag un fel Twm, fasai byth yn treulio amser ym mar y Llew Du, ond fasai'n anfon un o'r plant rownd y cefn i brynu poteli i gario adre. Doedd dim ots gan Twm i bobol wybod ei fod yn hoffi peint bach weithiau, ond roedd ots mawr gan ei wraig.

Roedd hi bron yn bedwar o'r gloch pan wnaeth hi gyrraedd yr ysbyty ac roedd hi'n brynhawn hyfryd o wanwyn – yr haul yn gwenu a **chennin Pedr** yn dawnsio bob ochr i'r llwybr. Roedd Hanna'n medru gweld cleifion yn eistedd ar y wal o flaen yr ysbyty yn mwynhau'r haul a'r olygfa o'r llyn a'r mynyddoedd y tu ôl iddo. Yn eistedd ar y fainc wrth y drws roedd ei thad – ei goes mewn sblint yn gorffwys ar stôl fach – a'i getyn yn ôl yng nghornel ei geg. Wrth ei ochr roedd Neli, yn codi llaw ar ei merch.

cacen wy – *egg custard tart*	**llwyrymwrthodwr** – *teetotaller*
llw dirwest – *temperance pledge*	**cennin Pedr** - *daffodils*

'Dyma ti o'r diwedd!' meddai hi wrthi. 'Ro'n i'n meddwl y baset ti yma cyn hyn.'

'Es i i fyny i'r pentre ac mi gymrodd hynna oesoedd gan fod pawb yn fy stopio i holi am 'y nhad,' meddai Hanna.

'Mae o dipyn gwell heddiw, twyt Twm?' meddai Neli. Nodiodd ei gŵr.

'Wnaethoch chi fedru cysgu?' gofynnodd Hanna.

'Naddo, dim llawer,' atebodd Neli dros ei gŵr eto.

'Dach chi mewn poen?' Gwnaeth Hanna bwynt o edrych i wyneb ei thad a ddim ar ei mam.

'Wnân nhw ddim gadael i mi fynd adra!' meddai Twm.

'Ddim eto, beth bynnag,' meddai Neli. 'Well i ti fod yma am ddiwrnod neu ddau arall i wneud yn siŵr, tydy, Twm bach? Dwyt ti ddim isio gorfod dod yn ôl yma, nac wyt?'

'Dw i ddim isio bod yma o gwbwl!'

'Nac wyt, siŵr, does 'na neb *isio* bod yma, nac oes?' meddai Neli, oedd yn dechrau blino ar gwyno ei gŵr.

'Dw i 'di cael anrhegion i chi gan rai o bobol y pentre,' meddai Hanna. Dechreuodd dynnu'r pethau allan o'i basged gan wneud yn siŵr mai dim ond hi oedd yn gweld popeth.

'Da da gan Miss Ellis, baco gan Robat Tŷ Pen, *Yr Herald* gan Nedw Pritchard …' Gosododd bopeth ar ei lin.

'Wel, chwarae teg, wir, yntê, Twm?' meddai Neli. Nodiodd Twm, wedi synnu at **garedigrwydd** ei gymdogion. Aeth Hanna yn ei blaen:

'… a chacen wy gan Beti Dew.'

Goleuodd wyneb Twm. 'Cacen wy? Tyrd â hi yma, fy hoff

caredigrwydd – *kindness*

gacen!' meddai gan dynnu ei getyn o'i geg, estyn y gacen o'r bag a dechrau ei bwyta'n syth.

'Does dim byd yn bod ar eich stumog chi, beth bynnag!' meddai Hanna gyda gwên.

'O, **gyda llaw**,' meddai Neli wrth ei gŵr, 'mi ddaeth Mr Lloyd y gweinidog i'r tŷ bora 'ma i holi amdanat ti. Mae o am alw i dy weld di heddiw, meddai fo.'

'I be ddiawl …? Dw i ddim isio'i weld o!' **poerodd** Twm gacen wy dros ei drowsus ac estynnodd Neli am ei hances i'w sychu i ffwrdd. Dyna pam roedd Mam mor falch o 'ngweld i, meddyliodd Hanna, isio i mi fod yma pan ddaw Mr Lloyd!

'Stopia ffysian, ddynes!' meddai Twm yn flin, gan sgubo llaw Neli i ffwrdd.

'Mi wnei di fod yn gwrtais efo fo, on' gwnei Twm?' gofynnodd ei wraig. Wnaeth Twm ddim ateb. Roedd gan Hanna ofn gofyn oedd Mr Lewis wedi galw. Ond doedd dim rhaid iddi gan i Neli ddweud:

'Ddôth Mr Lewis draw gynnau, dyn neis ydy o, yntê?'

'Yndy, mae o,' gwenodd Hanna.

'Mi siaradodd yn glên iawn efo dy dad.'

Edrychodd Hanna ar ei mam a chodi ael arni cystal â gofyn, 'Wnaeth Nhad siarad yn glên efo fo?' Mi wnaeth Neli ddeall yr edrychiad a gwenodd.

'Do, clên iawn,' meddai. 'Mae gynno fo glociau angen eu trwsio, meddai fo. Mi ddaw hynna â rhywfaint o arian i'r tŷ tan fydd dy dad yn gwella digon i fynd yn ôl i'r chwarel.'

'O, da iawn!' meddai Hanna gan geisio meddwl pa glociau, gan

---

gyda llaw – *by the way*   **poeri** – *to spit*

fod clociau Glan Deulyn i gyd yn gweithio'n iawn.

'Cynta'n y byd ga i fynd yn ôl i'r chwarel, gorau'n y byd,' meddai Twm, gan estyn am ei getyn i'w aildanio, y gacen wedi diflannu, heblaw am ryw ddau **friwsionyn** ar ei fwstás.

Clywodd Hanna ei mam yn symud a chododd ei phen. Roedd Mr Lloyd y gweinidog yn cerdded tuag atyn nhw. Safodd Neli a chychwyn tuag ato fo. Dal i danio ei getyn wnaeth Twm, heb edrych ar y gweinidog.

'Steddwch, Mr Lloyd,' meddai Hanna gan sefyll i wneud lle iddo fo. Wrth iddi hi wneud, rhoddodd gic i'w basged, oedd ar y llawr wrth ei hochr, a chlywodd sŵn gwydr wrth i'r ddwy botel gwrw gnocio yn erbyn ei gilydd a theimlodd fel lleidr bron â chael ei ddal.

'Na, na, steddwch chi, Hanna, mi wna i sefyll.'

Gollyngodd Hanna ei hun yn ôl ar y fainc gan obeithio na chlywodd ei mam y sŵn tincial. Trodd Mr Lloyd ei sylw at Twm oedd yn dal i'w **anwybyddu**.

'Sut dach chi'n teimlo erbyn hyn, Twm?' gofynnodd.

'Mae o'n well, diolch,' meddai Neli.

Dechreuodd Mr Lloyd edrych yn **anghyfforddus**. Doedd Twm ddim yn falch o'i weld – a doedd o ddim yn cuddio hynny. Cliriodd y gweinidog ei wddw a dweud yn ofalus:

'Twm, dw i'n gwybod dydy pethau ddim wedi bod yn dda **rhyngom** ni ein dau dros y blynyddoedd diwetha 'ma, ond dach chi ddim yn meddwl ei bod hi'n amser maddau?' Trodd Twm i edrych arno a dweud yn syml,

'Na.'

---

briwsionyn – *a crumb*	**anwybyddu** – *to ignore*
anghyfforddus – *uncomfortable*	**rhyngom** – *between us*

Tri pheth oedd yn bwysig i Twm Parry heblaw am ei deulu – ei getyn, trwsio clociau a phêl-droed. Fo oedd un o'r bobol wnaeth gychwyn clwb pêl-droed y pentref un deg pump o flynyddoedd yn ôl. Roedd o'n gwybod pa mor galed roedd y dynion wedi gweithio i greu cae da, adeiladu cwt i'r hogiau newid ynddo fo a chasglu arian i brynu *kit* i'r tîm. Dros bum mlynedd yn ôl, adeg **Diwygiad 1904**, mi wnaeth Mr Lloyd **bregethu** yn erbyn pêl-droed gan ddweud ei bod yn gêm y diafol ac annog bechgyn y pentref i droi eu cefnau arni. Mi lwyddodd i gael rhai pobol i deimlo'n gryf yn erbyn pêl-droed, ac un noson dywyll aeth criw o ddynion i'r cae a chwalu'r **pyst** a'r ffens a'u llosgi nhw yng nghanol y cae.

'Mi rwyt ti'n gwybod doedd gen i ddim byd i wneud efo'r tân,' meddai Mr Lloyd.

Roedd o'n ddyn mawr, ac yn ei gôt hir ddu roedd o'n edrych yn **fygythiol** yn sefyll uwchben Twm. Mi fasai rhai dynion yn ei ofni, ond dim Twm.

'Ddim chi wnaeth daflu'r fatsien, ella, ond chi **gyneuodd** y tân a chreu **drwgdeimlad** sy'n aros o hyd,' meddai. Cychwynnodd dynnu ei hun i fyny ar ei draed a rhuthrodd Hanna i ddal yn ei fraich. 'Helpa fi i fynd yn ôl i mewn, wnei di?' gofynnodd ei thad iddi. 'Dw i 'di blino.' Ochneidiodd Mr Lloyd.

'Wel, Twm,' meddai, 'mi **weddïa i drosot ti**.'

Roedd Twm erbyn hyn yn sefyll ar un goes a'i fraich dros

Diwygiad 1904 – *the 1904 Methodist Revival*	
pregethu – *to preach*	**pyst** – *posts*
bygythiol – *threatening*	**cynnau** – *to light*
drwgdeimlad – *ill-feeling*	
gweddïo dros – *pray for*	

ysgwydd Hanna ac edrychodd i wyneb y gweinidog a dweud,

'Sdim rhaid i chi, mae Duw a fi yn dallt ein gilydd! Tyrd, Hanna.'

Wrth i Hanna ei helpu i mewn i'r ysbyty roedd hi'n medru clywed ei mam yn ymddiheuro i'r gweinidog. Wnaeth hi ddim dweud hynny wrtho fo, ond roedd Hanna'n falch o'i thad am ddal ei dir.

13

'Galwa fi'n Owen'

'Wyt ti am ddod adra efo ni?' gofynnodd Neli i'w merch wedi iddi roi ffrae i Twm am **godi cywilydd** arni hi.

'Na, ddim heno, mae gen i dipyn o gur yn fy mhen. Gwely cynnar i mi, dw i'n meddwl,' atebodd Hanna.

Celwydd oedd hyn. Y gwir oedd, doedd hi ddim isio gwrando ar ei mam yn mwydro am ddigwyddiad y pnawn, fel y basai hi'n siŵr o wneud. Hefyd roedd Mrs Lewis wedi mynd i aros at ei chwaer ac roedd Hanna yn gobeithio y basai hi'n cael treulio ychydig o amser efo Mr Lewis. Roedd hi'n mwynhau eu sgyrsiau nhw ac wrth ei bodd fod dyn mor ddeallus â fo yn hapus i sgwrsio efo rhywun fel hi, ac yn cymryd diddordeb yn ei barn. Roedd hi hefyd yn dysgu llawer ganddo fo – am wleidyddiaeth ac am fusnes y chwarel.

'Gobeithio bod ti ddim **yn hel am rywbeth**,' meddai Neli. 'Mae dy fodryb Megan yn ei gwely efo peswch **cas** ers dros bythefnos. Ges i lythyr ganddi hi'r bore 'ma. Roedd hi'n cwyno bod Ephraim ddim isio talu am ddoctor.'

Chwaer Neli oedd Megan. Roedd hi'n byw efo'i gŵr, Ephraim, ar fferm yn Sir Fôn. **Anaml** iawn fasai'r teulu yn ei gweld hi ond mi fasai'r ddwy chwaer yn anfon llythyrau yn rheolaidd.

---

codi cywilydd – *to cause embarrassment*
yn hel am rywbeth – *going down with something*
cas – *nasty*   **anaml** – *rarely*

'Mi fydda i'n iawn ar ôl gorffwys, dw i'n siŵr,' meddai Hanna, 'ac mi wela i chi yn y capel fory.'

Ar ôl swper o gig oer a bara, ar ei phen ei hun yn y gegin fel arfer, eisteddodd Hanna wrth y tân i ddarllen *Yr Herald Cymraeg*. Roedd hi'n methu canolbwyntio, ei meddwl hi'n crwydro wrth iddi wrando am **symudiadau** Mr Lewis. Oherwydd ei bod hi ar ei noson i ffwrdd, fasai fo ddim yn disgwyl iddi hi edrych ar ôl y tanau a doedd hi ddim yn medru meddwl am esgus arall i grwydro'r tŷ. Roedd hi wedi blino ar ôl yr holl ruthro o gwmpas dros y dyddiau diwetha ac yn araf fe syrthiodd i gysgu. Pan agorodd ei llygaid, dychrynodd o weld Mr Lewis yn sefyll yno yn edrych arni hi. Neidiodd ar ei thraed.

'Sori, Mr Lewis, mae'n rhaid mod i wedi cysgu. Be ga i wneud i chi?'

'Dim byd, Hanna. Mae'n nos Sadwrn, 'stedda di yn fan'na.'

'**Rargian**, ydy hi'r amser yna yn barod?' meddai hi gan edrych ar y cloc – hanner awr wedi naw. Roedd hi wedi cysgu am ddwy awr.

'Wedi dod i wneud diod o lefrith cynnes dw i,' meddai Mr Lewis. Roedd o'n sefyll yng nghanol y gegin yn edrych o gwmpas a golwg ar goll arno fo. 'Ym … lle mae'r llefrith yn cael ei gadw?' gofynnodd. Gwenodd Hanna.

'Mi wna i o i chi,' meddai.

'Na, na. Mi wna i wneud o – os gwnei di ddeud wrtha i lle mae pob dim. Ga i wneud peth i ti hefyd?' gofynnodd.

'Wel … os dach chi ddim yn meindio,' atebodd Hanna, yn dechrau mwynhau'r sefyllfa anghyffredin yma.

---

symudiad(**au**) – *movement*(*s*)   **rargian** – *gosh*

Yn lle mynd â'i lefrith cynnes i fyny'r grisiau, eisteddodd Mr Lewis efo Hanna wrth fwrdd y gegin. Roedd Hanna wedi **crasu** sleisen fawr o fara ac wedi rhoi menyn yn dew arni, ei thorri'n ddau ddarn a'u rhoi nhw ar blât o'i flaen.

'Wyt ti'n trio fy ngwneud i'n dew?' gofynnodd iddi gyda gwên. 'Mi wna i fwyta un darn os gwnei di fwyta'r llall!'

Dechreuodd y ddau sgwrsio. Roedd **hwyliau da** ar Mr Lewis ac roedd ei wên yn barod a'r sgwrs yn fwy ysgafn nag arfer ac fel yr aeth y noson yn ei blaen, yn fwy personol. Siaradodd am ei fywyd yn fachgen ifanc yn dechrau yn y chwarel fel prentis *engineer*, a'r ffordd roedd y dynion hŷn yn tynnu ei goes ac yn ei alw'n 'Proffesor' am ei fod wedi bod yn yr ysgol ramadeg. Synnodd Hanna o glywed doedd o ddim wedi bod mewn coleg.

'O, na, coleg bywyd ydy'r unig goleg dw i wedi'i gael,' meddai. 'Roedd fy nhad isio i mi fod yn weinidog fel fo ond do'n i ddim yn clywed Duw yn fy ngalw i, felly mi es i i'r chwarel.'

'Dydy Nhad ddim yn hoffi gweinidogion,' meddai Hanna gan ddweud hanes ei thad a Mr Lloyd y pnawn hwnnw.

'Chwarae teg iddo fo am sefyll i fyny dros ei **ddaliadau**,' meddai Mr Lewis. 'Dw i'n hoffi pêl-droed fy hun ac **mae arna i ofn** bod Mr Lloyd yn medru bod yn reit **eithafol** weithiau. Duda wrth dy dad am ymuno efo ni yn Capel Coch – mi fasai 'na groeso mawr iddo fo yno.'

'Diolch,' atebodd Hanna er ei bod hi'n gwybod fasai ei thad ddim yn derbyn y cynnig. 'A diolch hefyd am gael clociau i Nhad eu trwsio tra mae o adra o'i waith.'

crasu – *to toast*	**hwyliau da** – *a good mood*
daliadau – *beliefs*	**mae arna i ofn** – *I'm afraid*
eithafol – *extreme*	

Oedd o'n gwneud hyn er mwyn ei thad ta er ei mwyn hi? Roedd o'n edrych mor gyfforddus, yn eistedd yn y gegin efo hi. Beth ydy ei deimladau tuag ata i? meddyliodd. Dim ond **cyflogwr** da yn edrych ar ôl ei staff ydy o? Ta oes gynno fo rywfaint o feddwl ohona i?

'Unrhyw beth fedra i wneud i helpu,' gwenodd Mr Lewis arni wrth i'r cloc daro un ar ddeg y nos a'r amser wedi hedfan.

'Mae'r cloc yna'n gweithio'n iawn, beth bynnag!' meddai Hanna gan wenu yn ôl arno fo. Arhosodd y ddau yn ddistaw am ychydig eiliadau yn gwrando ar y cloc yn tician a'r glo yn **clecian** yn y tân. Mr Lewis wnaeth dorri ar y distawrwydd.

'Wel, gwell i mi fynd.' Cododd o'i gadair a chychwyn clirio'r llestri oddi ar y bwrdd. Cododd Hanna hefyd a dweud,

'Gadewch y rheina, fydda i ddim dau funud yn taro dŵr poeth drostyn nhw.'

'Os wyt ti'n siŵr,' meddai gan roi'r llestri yn ôl ar y bwrdd. 'Diolch i ti am y bara crasu, ac am gadw cwmni i hen ddyn.'

'Dach chi ddim yn hen!' meddai Hanna, oedd wedi dod i sefyll wrth ei ochr.

'Mi faswn i wedi disgwyl i hogan ifanc fel ti fod yn treulio nos Sadwrn mewn cwmni llawer mwy difyr na fi,' aeth Mr Lewis ymlaen, 'efo rhyw ddyn ifanc **golygus** ella?'

Daeth o'n agosach ati hi – mor agos, roedd hi'n medru teimlo ei anadl ar ochr ei boch. Teimlodd Hanna ei thu mewn yn dechrau crynu, fel tasai llond ei bol o **ieir bach yr haf** yn dawnsio.

cyflogwr – *employer*	**clecian** – *to crackle*
golygus – *good-looking*	
iâr fach yr haf, ieir bach yr haf – *butterfly, butterflies*	

'Fedra i ... fedra i ddim meddwl am gwmni mwy difyr na chi, Mr Lewis,' meddai, ei llais yn swnio'n od yn ei chlustiau. Dyma Mr Lewis yn estyn am ei llaw.

'Galwa fi'n Owen, Hanna,' meddai. Edrychodd Hanna yn syth i'w lygaid a chau ei bysedd am ei fysedd o.

'Owen,' meddai, yn mwynhau clywed yr enw yn llithro oddi ar ei thafod. 'Owen,' meddai eto ac yna heb feddwl, 'ond beth fasai Mrs Lewis yn ddweud?'

Diflannodd gwên Owen. Roedd clywed enw ei wraig wedi **chwalu'r swyn**. Newidiodd yr **awyrgylch**. Gollyngodd ei llaw hi a safodd yn llonydd am rai eiliadau cyn symud oddi wrthi a dweud, 'Mae'n ddrwg gen i, roedd hynna'n syniad gwirion. Mr Lewis fasai orau.'

A gyda hynna cerddodd allan o'r ystafell a gadael Hanna yn sefyll yn edrych ar ei ôl, ei meddwl hi'n troi. Beth oedd newydd ddigwydd? Rhywbeth drwg, yn ôl y ffordd wnaeth Mr Lewis frysio i ffwrdd, ond iddi hi roedd o'n teimlo fel y peth mwya naturiol yn y byd.

---

chwalu'r swyn – *to break the spell*   **awyrgylch** – *atmosphere*

14

'Dw i'n ŵr priod sy'n llawer hŷn na chdi'

Gorweddodd Hanna yn ei gwely am hir cyn codi. Roedd ei meddwl yn troi eto – fel y top lliwgar wnaeth hi ei brynu i Jini ar ei pen-blwydd yn ddwy oed. Doedd yr wythnos ddiwetha ddim wedi bod yn un hawdd. Mi gafodd ei thad fynd adre o'r ysbyty ddydd Mawrth – **ar faglau** a'i goes mewn sblint o hyd – ac roedd ei mam yn cwyno yn barod, yn dweud ei fod o'n flin a diamynedd. Roedd hi'n edrych ymlaen at ei weld o'n mynd yn ôl i'w waith iddi hi gael llonydd. Pryd basai hynny, doedd neb yn siŵr eto, roedd hi'n dibynnu sut fasai'r goes yn mendio. Ond dim am ei thad roedd Hanna'n meddwl.

Roedd ganddi **amheuon** cryf fod Mr Lewis yn ei hosgoi hi ac roedd hynny'n brifo. Roedd o wedi stopio cael llefrith cynnes gyda'r nos ac roedd hi'n colli ei gwmni a'u sgyrsiau nhw. Doedd dim **cysur** i'w gael o'i llyfrau, hyd yn oed, a phob tro roedd hi'n ceisio darllen y papur newydd, wyneb Owen roedd hi'n ei weld ar bob tudalen.

Y bore Sadwrn hwnnw roedd hi i fod i fynd efo Mrs Lewis i gyfarfod y Women's Freedom League yng Nghaernarfon. Fel arfer mi fasai hi wedi bod wrth ei bodd yn cael mynd i'r dref, hyd yn oed

ar faglau – *on crutches*	**amheuaeth, amheuon** – *doubt(s)*
cysur – *consolation*	**cysuro** – *to console*

yng nghwmni Mrs Lewis, ond ddim heddiw. Wrth lusgo ei hun o'i gwely gwnaeth benderfyniad. Roedd hi'n mynd i ddweud ei bod hi'n teimlo'n sâl er mwyn cael aros gartre. Mi fasai Mr Lewis yn ôl o'r gwaith erbyn amser cinio ac mi fasai hi'n cael cyfle i gael gair efo fo. Beth fasai'r gair yna, doedd ganddi hi ddim syniad, ond doedd hi **ddim yn medru byw yn ei chroen** heb ddweud, neu wneud, rhywbeth. Roedd hi isio deall y teimladau oedd ganddi hi tuag ato fo. Teimladau doedd hi ddim yn medru sôn amdanyn nhw wrth neb.

Roedd Mrs Lewis yn edrych yn reit falch bod Hanna ddim yn mynd i fynd efo hi i'r dref – ofn i mi godi cywilydd arni hi eto, mae'n siŵr, meddyliodd Hanna wrth ei gwylio hi'n cerdded i lawr y llwybr o'r tŷ. Roedd hi'n un o'r gloch ac mi fasai Mr Lewis yn cyrraedd unrhyw funud. Rhuthrodd i'w hystafell i newid i'w dillad dydd Sadwrn. Tynnodd y pinnau oedd yn dal ei gwallt i fyny ac ysgwyd ei gwallt yn rhydd. Tynnodd frws drwy ei gwallt a'i glymu oddi ar ei hwyneb efo rhuban gan adael y gweddill yn donnau ar ei hysgwyddau. Edrychodd yn y drych. Roedd hi'n edrych yn welw, mi fasai'n ddigon hawdd i rywun gredu ei bod wir yn sâl, ond dim salwch oedd yn gwneud i'w bol droi. Pinsiodd ei bochau i drio dod â rhywfaint o liw iddyn nhw ac aeth i eistedd i'r gegin i ddisgwyl i'r meistr ddod adre. Doedd dim rhaid iddi hi ddisgwyl yn hir. Neidiodd o'i chadair wrth glywed y drws ffrynt yn cau. Cododd a mynd at y drws a gwrando ar Mr Lewis yn tynnu a chadw ei gôt a cherdded i'r ystafell fwyta lle roedd hi wedi gosod cinio o gig oer, bara a chaws yn barod iddo fo.

---

ddim yn medru byw yn ei chroen – *unable to bear*
(*lit. unable to live in her skin*)

Gadawodd Hanna i ugain munud fynd heibio, iddo fo gael llonydd i fwyta ei ginio, ac yna cerddodd hi i'r ystafell fwyta. Arhosodd y tu allan i'r drws a gafael ar y **ddolen** ond yn lle ei throi newidiodd ei meddwl a mynd yn ôl am y gegin. Roedd ei cheg yn sych a'i chalon yn rasio. Safodd y tu allan i'r gegin a phwyso ei chefn yn erbyn y wal. Cymerodd anadl ddofn. '**Tyrd yn dy flaen**, Hanna,' meddai wrthi ei hun, 'dim ond Mr Lewis ydy o, does dim rhaid i ti fod ofn.' Cychwynnodd gerdded tua'r ystafell fwyta eto, gan ddal ei phen yn uchel â'i chamau'n gyflymach. Rhoddodd gnoc ysgafn ar y drws ac i mewn â hi.

Roedd Mr Lewis yn sefyll yn edrych drwy'r ffenest. Trodd i'w hwynebu ac edrychodd arni mewn syndod.

'Hanna! Doeddwn i ddim yn disgwyl dy weld di. Ro'n i'n meddwl dy fod ti wedi mynd i'r dre efo Mary?' meddai.

'Na, wnes i ddim mynd. Do'n i ddim … ddim yn teimlo'n dda.'

Edrychodd arni hi'n **bryderus**.

'O? Dim byd mawr, gobeithio?' gofynnodd.

'Na. Dim ond rhyw 'chydig o boen bol,' atebodd Hanna. Roedd hynny'n hanner gwir achos roedd ei bol hi'n troi.

'O, da iawn. Dw i'n falch dydy o'n ddim byd mawr.'

Safodd y ddau yn **lletchwith** am funud, Hanna ar goll am beth i ddweud nesa a golwg be wna i ar Mr Lewis. Hanna dorrodd ar y distawrwydd drwy ofyn yn blaen,

'Pam dach chi wedi stopio cael llefrith cynnes ar ddiwedd nos?'

Edrychodd Mr Lewis arni hi am eiliad cyn ochneidio a dweud,

dolen – *handle*	**tyrd yn dy flaen** – *come on (singular)*
pryderus – *anxious*	**yn bryderus** – *anxiously*
lletchwith – *awkward*	

'Dw i'n meddwl dy fod ti'n gwybod yr ateb i hynna.'

Aeth Hanna yn agosach ato a dweud, 'Ro'n i'n mwynhau ein sgyrsiau ni …'

'A finnau,' meddai.

Edrychodd Hanna yn syth i'w lygaid. 'Pam mae'n rhaid iddyn nhw stopio, ta?' gofynnodd.

'Achos mod i'n eu mwynhau nhw ormod … a … fi ydy dy feistr di a …'

Dechreuodd Hanna **gynhyrfu**. 'Be dach chi'n ddeud?' gofynnodd. 'Mod i ddim digon da i gael sgwrsio efo chi? Mod i'n neb oherwydd mai morwyn dw i?'

'Naci, siŵr, dim dyna dw i'n ddeud. Dw i'n ŵr priod sy'n llawer hŷn na chdi …'

Torrodd Hanna ar ei draws eto. 'A dw i'n mwynhau treulio amser efo chi'n fwy na neb arall ar y ddaear 'ma,' meddai hi gan roi ei llaw ar ei fraich.

'Hanna, plis! Paid â gwneud hyn yn anodd i mi.' Trodd oddi wrthi ac edrych drwy'r ffenest. 'Mae'n rhaid i ni beidio â bod yn gymaint o ffrindiau,' meddai.

Teimlodd Hanna ddagrau yn **cronni** yn ei llygaid. 'Owen …' cychwynnodd ond **torrwyd ar ei thraws** gan sŵn cloch y drws ffrynt. Neidiodd y ddau ac aeth Owen at y drws.

'Mi wna i ateb …' meddai.

Safodd Hanna yn edrych arno'n mynd, yn crynu fel deilen.

'Sori am ddod i'r drws ffrynt, Mr Lewis. Ches i ddim ateb yn y drws cefn.' Llais Wil, meddyliodd Hanna. Beth oedd ei brawd yn ei wneud yma?

---

cynhyrfu – *to excite* **cronni** – *to gather, to collect*

torrwyd ar ei thraws – *she was interrupted*

'Ydy Hanna yma?' gofynnodd y llais. Rhuthrodd Hanna heibio i Mr Lewis at y drws.

'Wil? Be sy?'

'Mae isio i ti ddod adra,' meddai. 'Mae Mam wedi cael telegram o Sir Fôn – mae Modryb Megan wedi marw o niwmonia!'

15

Angladd a chynnig

Safodd Hanna wrth ymyl bedd Modryb Megan yn gwrando ar y gweinidog yn gweddïo tra oedd yr **arch** yn cael ei gollwng yn araf i'r pridd. Roedd y coed o amgylch y **fynwent** yn drwm o flodau gwyn a'r haul yn gwenu ar y criw bach o **alarwyr** yn eu dillad du. Er bod yr **achlysur** yn un trist roedd Hanna'n mwynhau'r heddwch yn y fynwent. Doedd hi ddim yn agos at ei modryb ond roedd hi'n **cydymdeimlo** efo'i mam, oedd wedi colli yr unig chwaer oedd ganddi hi. Roedd hi wedi colli ei rhieni a thri brawd yn barod a dim ond hi oedd ar ôl rŵan. Gwasgodd ei llaw yn dynn. Roedd ei thad wedi methu dod, gan fod ei goes mewn sblint o hyd ac roedd Mr a Mr Lewis wedi bod yn garedig yn gadael i Hanna gael y diwrnod yn rhydd i deithio i Fôn efo'i mam. Gwyliodd ei hewythr Ephraim yn sefyll ar ei ben ei hun, yn edrych yn anghyfforddus yn ei ddillad dydd Sul. Chafodd o a Megan ddim plant felly doedd dim teulu agos arall i rannu'r galar ac anodd iawn oedd darllen yr olwg ar ei wyneb coch.

Dyn di-lol oedd Ephraim, mi fasai rhai yn ei alw'n **surbwch**. Roedd yn well gynno fo gwmni ei anifeiliaid na phobol ac roedd hynny'n amlwg wrth iddo eistedd ym mharlwr ffrynt fferm

arch – *coffin*	**mynwent** – *graveyard*
galar – *mourning*	**galarwyr** – *mourners*
achlysur – *occasion*	**cydymdeimlo** – *to sympathize*
surbwch – *surly*	

Tŷ Cam yn hwyrach yn y dydd. Dim ond ychydig o bobol oedd wedi dŵad i'r tŷ ar ôl yr angladd – Hanna a Neli, y gweinidog, a phump arall; cymdogion, meddyliodd Hanna. Doedd Neli ddim yn medru edrych i lygaid Ephraim. Roedd hi'n rhoi'r bai arno fo am beidio galw doctor at Megan yn gynt, ond ddywedodd hi ddim byd. Ar ôl i'r forwyn roi paned i bawb, cododd Ephraim. Agorodd fotwm ei goler, oedd yn torri i mewn i'w wddw, a dweud:

'Rhaid i mi fynd rŵan. Dydy gwaith fferm ddim yn aros i neb na dim. Diolch i chi am ddŵad. Mi wneith Cadi 'ma edrych ar eich ôl chi,' meddai gan **gyfeirio at** y forwyn. Dyma fo'n cychwyn allan o'r ystafell ond arhosodd wrth ochr Neli a dweud: 'Neli, tyrd efo fi … Mae gen i ychydig o bethau Megan i ti.'

Roedd gan Hanna a Neli daith hir adre – trên o Fodorgan i Fangor ac wedyn trên arall o Fangor i Gaernarfon ac ymlaen i Lanberis. Distaw iawn oedd Neli yr holl ffordd. Roedd modrwy aur ei chwaer yn ei llaw a **bob hyn a hyn** roedd hi'n ei throi rhwng ei bysedd. Ar ôl cyrraedd y pentref gofynnodd i Hanna,

'Wyt ti'n gorfod mynd yn syth yn ôl i Lan Deulyn? Oes gen ti amser i ddod adra am swper?'

Meddyliodd Hanna am y tŷ **digroeso** oedd yn ei disgwyl, efo Mr Lewis yn gwneud popeth posib i'w hosgoi hi, ac er bod ganddi hi ddigon o waith i'w wneud, atebodd,

'Mi ddo i adra efo chi gynta.'

Roedd hi'n falch o weld bod Wil wedi gwneud swper chwarel o datws a chig moch a bwytodd yn ddiolchgar. Roedd hwyliau

---

cyfeirio at – *to refer to*   **bob hyn a hyn** – *every now and then*
digroeso – *unwelcoming*

da ar ei thad – ei goes yn gwella a digon o waith trwsio clociau i'w gadw'n brysur – ac roedd Jini fach yn llawn hwyl fel arfer. Llyncodd Hanna y llwyaid ola o'i swper, eistedd yn ôl a dweud:

'Da iawn ti, Wil. Doeddwn i ddim yn gwybod dy fod di'n medru coginio!' Gwenodd ei brawd a chodi oddi wrth y bwrdd.

'Dw i'n mynd i weld Mari,' meddai ac i ffwrdd â fo i weld ei gariad. Edrychodd Hanna arno fo'n mynd a theimlodd dipyn o **genfigen** wrth feddwl am y croeso fasai fo'n ei gael gan Mari. Torrodd Neli ar ei meddyliau drwy ofyn,

'Hanna, wnei di roi Jini yn ei gwely, plis? Dw i wedi blino'n lân.'

'Wna i, siŵr,' meddai Hanna, yn falch o gael rhywbeth i dynnu ei sylw oddi wrth ei meddyliau.

'Tyrd di yma, madam!' meddai hi gan gychwyn ar ôl Jini. 'Daliwch hi ... daliwch hi ...' Gwaeddodd Jini a rhedeg am y grisiau. Aeth Hanna ar ei hôl.

Pan ddaeth hi'n ôl i lawr y grisiau, roedd hi'n gwybod yn syth fod ei rhieni wedi bod yn trafod rhywbeth difrifol.

'Be sy?' gofynnodd yn bryderus.

'Hanna, stedda,' meddai Neli.

Eisteddodd Hanna, ei meddwl yn rasio i drio dyfalu beth oedd yn bod.

'Fel rwyt ti'n gwybod,' cychwynnodd Neli, 'mi wnes i siarad efo Ephraim cyn gadael Tŷ Cam. Ddim jyst isio rhoi rhai o bethau Megan i mi oedd o. Roedd ganddo fo gais ... cynnig. Cynnig i ti.'

'I mi?' edrychodd Hanna yn syn arni hi.

'Gofyn oedd o, faset ti'n fodlon mynd i Tŷ Cam i fod yn howscipar. Rŵan fod Megan wedi ein gadael ni does gynno fo neb i redeg y tŷ.'

---

cenfigen – *envy, jealousy*

Roedd pawb yn ddistaw am ychydig wrth i Hanna brosesu'r newyddion yma.

'Pam … pam gofyn i chi yn lle gofyn yn syth i mi?' gofynnodd wedi iddi ddod dros y sioc.

'Achos mai fi ydy dy fam di,' atebodd Neli. **Brathodd** Hanna **ei thafod** rhag dweud ei bod hi'n ddigon hen ac **abl** i fedru delio efo'i busnes ei hun.

'Does dim rhaid i ti dderbyn, wrth gwrs …' cychwynnodd Twm, 'ond mi fasai'n talu cyflog da i ti, mi wna i'n siŵr o hynny!'

'Howscipar,' meddai Neli. 'Mae o'n well na bod yn forwyn, tydy?'

'Howscipar ydw i rŵan, mwy neu lai,' meddai Hanna. 'Y fi sy'n rhedeg y tŷ; ychydig iawn mae Mrs Lewis yn wneud.'

'Ond cyflog morwyn rwyt ti'n gael,' atebodd ei mam.

'Dach chi *isio* i mi fynd?' gofynnodd Hanna, gan ddechrau teimlo'n annifyr. Rhoddodd ei mam ei phen i lawr ac edrych ar ei dwylo.

'Nhad?' gofynnodd Hanna.

'Wel, na, dydw i ddim isio i ti fynd o'r pentra 'ma siŵr, ond …' Methodd â gorffen ei frawddeg.

'Ond be?' gofynnodd Hanna.

Cododd ei mam ei phen i edrych arni hi.

'Mi welodd Wil chdi a Mr Lewis yn sefyll yn ffenest Glan Deulyn ddydd Sadwrn,' meddai. Teimlodd Hanna ei hun yn dechrau cochi.

'Roedd o'n deud eich bod chi i weld yn … agos.'

'Dim ond siarad oeddan ni,' meddai Hanna, ei bochau'n cochi mwy efo pob gair.

---

brathu tafod – *to hold one's tongue (lit. to bite one's tongue)*

abl – *able*

'Ac mi ddudodd Beti Dew dy fod ti wedi **neidio i lawr ei chorn gwddw** hi i sefyll i fyny drosto fo yn y siop ryw ddiwrnod.'

Dechreuodd Hanna wylltio.

'Rargian annwyl, does gan bobol ddim pethau gwell i'w gwneud nag **achwyn** am bobol eraill, deudwch!' meddai.

'Oes 'na rywbeth yn mynd ymlaen, Hanna?' gofynnodd Twm yn blaen.

'Nac oes, siŵr!' meddai Hanna.

'Dw i wedi sylwi dy fod ti'n siarad llawer amdano fo,' meddai Neli.

'Wel, mae hynna'n naturiol, tydy, a finnau'n gweithio iddo fo?'

'Mae rhywun yn clywed am feistri sy'n **cymryd mantais** ar genod ifanc ...' meddai Neli. Neidiodd Hanna ar ei thraed.

'Fasai Mr Lewis byth yn cymryd mantais ar neb,' meddai hi gan deimlo dagrau'n dechrau cronni. 'Mae o'n ddyn da! Mae o'n ddyn ...'

Edrychodd ei rhieni arni. Cododd Neli ati a gafael amdani.

'Hanna fach ...' meddai. Roedd hi wedi **synhwyro** fod ei hamheuon yn wir a bod teimladau Hanna at Mr Lewis yn fwy na theimladau morwyn at ei meistr. 'Mi fyddai'n well i ti dderbyn cynnig Ephraim. Mi gei di bres da, a hwyrach y medri di helpu rhywfaint arnon ni, nes bydd dy dad yn abl i weithio eto.'

Edrychodd Hanna ar ei thad. 'Nhad ... ?' meddai. Edrychodd ei thad i ffwrdd.

'Gwell i ti wrando ar dy fam,' meddai'n ddistaw.

neidio i lawr ei chorn gwddw – *jump down her throat*	
achwyn – *to tell tales*	**cymryd mantais** – *to take advantage*
synhwyro – *to sense*	

Suddodd calon Hanna wrth iddi sylweddoli fod ei rhieni wedi gwneud y penderfyniad drosti a doedd ganddi ddim dewis – byddai'n rhaid iddi fynd i Sir Fôn.

16

Hiraeth

Deffrodd Hanna efo **naid**. Er ei bod hi'n byw ar fferm Tŷ Cam ers tair wythnos doedd hi'n dal ddim wedi arfer efo clywed sŵn **clochdar ceiliog** ar **doriad gwawr**. Er mai hi oedd yr howscipar, roedd ei hystafell yn llawer llai na'i hystafell yng Nglan Deulyn a gan mai bach oedd ffenestri Tŷ Cam, ychydig iawn o olau oedd yn dod i mewn. Ond roedd hi'n falch fod ganddi hi ystafell iddi hi ei hun, ddim fel y morynion eraill oedd yn gorfod rhannu ystafell – dwy ohonyn nhw yn yr un gwely.

Rhwbiodd y **cwsg** o'i llygaid. Mi fasai hi wedi medru cysgu am oriau eto ond roedd rhaid codi am fod brecwast y **gweision** i fod ar y bwrdd erbyn hanner awr wedi pump. Roedd chwech o ddynion angen eu bwydo – Ephraim, yr **hwsmon**, **certmon**, labrwr, **porthwr** a'r gwas bach. Ei gwaith hi oedd cadw golwg ar y morynion – y brif forwyn, y forwyn fach, y forwyn laeth a'r wraig oedd yn dŵad i olchi dillad bob dydd Llun. Hi hefyd oedd yn gyfrifol am redeg y tŷ a'r **llaethdy**. Roedd hi'n medru dweud â'i llaw ar ei chalon, doedd hi erioed wedi gweithio mor galed â'r tair wythnos diwetha. Roedd hi'n disgyn i'w gwely bob nos wedi blino'n lân.

naid – *a jump, a start*	**clochdar ceiliog** – *a cock's crow*
toriad gwawr – *daybreak*	**cwsg** – *sleep*
gwas, gweision – *manservant(s)*	**hwsmon** – *bailiff*
certmon – *carter*	**porthwr** – *stockman*
llaethdy – *dairy*	

Roedd y llyfr wrth ochr ei gwely heb ei agor a doedd dim eiliad yn y diwrnod i edrych ar bapur newydd. 'Mi ddaw pethau'n haws wrth i mi ddod i ddeall y gwaith yn well,' cysurodd Hanna ei hun wrth gerdded i lawr y grisiau cul i'r gegin. Roedd bywyd ar y fferm mor ddiarth iddi. Roedd hi'n gorfod dysgu popeth am y llaethdy o'r newydd a doedd **corddi** menyn ddim yn hawdd, dim o gwbl.

Ar ôl i'r dynion orffen bwyta eu brecwast o fara llaeth, bara menyn a the roedd y merched yn cael eu brecwast nhw. Un o'r pethau roedd Hanna'n gobeithio, wrth symud i Dŷ Cam, oedd y basai hi'n llai unig, ond doedd croeso'r morynion eraill ddim wedi bod yn gynnes iawn ac roedd Hanna wedi colli cownt o faint o weithiau roedd hi wedi clywed y geiriau 'ddim fel'na roedd y mistras yn wneud o'. Ifanc iawn oedd Anni, y forwyn fach, dim ond tair ar ddeg oed ac wedi **gweini tymor** ar fferm arall, cyn dod i Dŷ Cam, yn barod. Doedd Gwen, y forwyn laeth, ddim llawer yn hŷn. Yn un ar bymtheg oed, roedd hi mor swil nes basai hi'n cochi dim ond i un o'r dynion edrych arni. Cadi, y brif forwyn, oedd yr un oedd yn gwneud pethau'n anodd i Hanna. Roedd hi'n bump ar hugain oed ac yn ôl Anni – oedd yn methu **cadw cyfrinach** i achub ei bywyd – roedd hi wedi gobeithio cael bod yn howscipar Tŷ Cam.

Bore dydd Llun, y sgwrs wrth y bwrdd brecwast oedd y clecs a gariodd y merched yn ôl efo nhw ar ôl bod i weld eu teuluoedd y pnawn cynt. Roedd y tair yn lwcus fod eu teuluoedd yn byw'n ddigon agos iddyn nhw fedru mynd i'w gweld nhw'n hawdd. Roedd Hanna'n teimlo'n ddiarth – doedd hi ddim yn nabod unrhyw un

---

corddi – *to churn* **gweini tymor** – *to serve a season*
cadw cyfrinach – *to keep a secret*

o'r bobol oedd yn **destun y sgwrs** tan yn sydyn, meddai Anni,

'O! Mi wnes i bron ag anghofio, mae gen i neges i chi, Miss Parry.'

Cododd Hanna ei phen o'i phowlen.

'I mi?' synnodd, yn dal i **ddod i arfer efo** cael ei galw yn 'Miss Parry'.

'Ia. Neges gan Robin, fy mrawd.'

Roedd Hanna'n gwybod fod Robin yn gweithio yn chwarel Dinorwig. Fel llawer o ddynion eraill o'r ynys roedd o'n croesi ar y fferi ben bore dydd Llun ac yn dod yn ôl bob pnawn Sadwrn, ac yn aros mewn **barics** efo dynion eraill yn ystod yr wythnos.

'Wel, dim neges gan fy mrawd yn union, neges gan rywun sy'n gweithio efo fo.'

Am eiliad, meddyliodd Hanna mai neges gan Mr Lewis oedd hi a neidiodd ei chalon.

'Robat Jones. Robat Tŷ Pen dw i'n meddwl maen nhw'n ei alw fo.'

Synnodd Hanna ati ei hun, yn bod mor dwp â meddwl am eiliad mai gan Mr Lewis oedd y neges. Mae'n siŵr ei fod o wedi anghofio amdana i'n barod, meddyliodd. Doedd o ddim wedi edrych yn siomedig iawn o glywed ei bod hi am adael Glan Deulyn ac roedd o wedi rhoi ei ganiatâd iddi hi **dorri ei thymor** a gadael yn syth bin.

'Mae o'n deud helô ... o, ac yn gobeithio eich bod chi'n setlo'n iawn,' meddai Anni.

---

testun y sgwrs – *the topic of conversation*
dod i arfer efo – *to get used to*   **barics** – *barracks*
torri tymor – *to break one's contract*

Gwenodd Hanna, yn falch o glywed enw cyfarwydd a gwybod fod rhywun yn meddwl amdani hi. Chwarae teg i Robat, meddyliodd. Gwelodd Cadi'r wên a dechreuodd ei **phryfocio**.

'Pwy ydy Robat felly, deudwch? Oes gan Hanna Parry gariad?!'

'Nac oes, siŵr!' meddai Hanna'n flin gan godi o'r bwrdd. 'Dowch, dyna ddigon o hel clecs. Mae 'na lawer o waith i'w wneud,' meddai, am unwaith yn ffeindio rhoi gorchymyn yn hawdd.

Am wyth o'r gloch y nos eisteddodd Hanna yn nhawelwch y parlwr ffrynt. Roedd y dynion wedi cael eu swper ar ôl dod i mewn o'u gwaith am saith; roedd y llestri wedi eu clirio a deuddeg torth o fara wedi eu gadael yn y gegin i godi dros nos a'u pobi yn y bore. Roedd hi wedi derbyn llythyr ers canol y bore a dyma'r cyfle cyntaf iddi **gael llonydd** i'w ddarllen. **Craffodd** ar **lawysgrifen** gyfarwydd ei mam ar yr amlen, ond roedd hi'n anodd darllen yn y golau gwan. Doedd Ephraim ddim yn fodlon i neb danio'r canhwyllau na'r lamp olew nes ei bod hi wedi tywyllu. Diolchodd, ac nid am y tro cynta, am y fflachlamp roedd Mr Lewis wedi ei rhoi iddi hi. Doedd hi ddim wedi dangos ei fflachlamp i neb, doedd hi ddim yn meiddio cymryd y risg rhag ofn i Ephraim gymryd y peth mwya gwerthfawr oedd ganddi oddi arni. Gwenodd yn syth o weld fod yna fwy nag un llawysgrifen ar y llythyr – roedd ei mam, ei thad a Wil wedi sgwennu. Roedd hyd yn oed Jini fach wedi creu marciau ar y papur.

Darllenodd eu hanes yn awyddus. Gollyngodd ochenaid o ryddhad wrth ddeall fod ei thad wedi cael tynnu'r sblint a bod y

---

pryfocio – *to provoke, to tease*	**cael llonydd** – *to be left alone*
craffu – *to squint*	**llawysgrifen** – *handwriting*

doctor yn hapus iawn efo sut roedd ei goes wedi mendio a'i fod o'n cael mynd yn ôl i'w waith mewn rhyw bythefnos. Dechreuodd chwerthin yn uchel wrth ddarllen hanes Jini a'i **champau** a chafodd sioc o glywed fod Wil Siop Wil wedi marw'n sydyn. Mi wnaeth y newyddion yma iddi hi feddwl yn syth am Mr Lewis eto. Mi fasai fo'n drist iawn o golli ei ewythr. Roedd o wedi colli ei dad rai blynyddoedd yn ôl a gan fod Wil yn ddi-blant roedd o'n gweld Owen fel mab ac roedd y ddau yn agos.

Erbyn cyrraedd diwedd y llythyr roedd dagrau o hiraeth yn llithro i lawr ei bochau a holl deimladau rhwystredig yr wythnosau diwetha yn llifo drosti. Doedd hi erioed wedi teimlo mor isel ei hysbryd. Dyma fydd fy mywyd i rŵan? meddyliodd, **hen ferch** o howscipar ar fferm **yng nghanol nunlle** yn Sir Fôn? Cadwodd y llythyr yn ofalus yn ôl yn ei phoced a chychwyn am ei hystafell gan feddwl am beth i'w roi yn ei llythyr hi yn ôl. Fasai hi ddim yn meiddio rhoi ei gwir deimladau, rhag ofn ypsetio ei rhieni.

Wrth adael y parlwr, daeth wyneb yn wyneb ag Ephraim.

'A! Dyma lle rwyt ti. Dw i wedi bod yn chwilio amdanat ti.'

Doedd Hanna ddim wedi siarad llawer efo'i hewythr dros yr wythnosau diwetha gan ei fod o hefyd yn brysur yn ei waith bob dydd.

'Tyrd i'r parlwr,' meddai fo wrthi hi.

Caeodd y drws a gofyn, 'Sut wyt ti'n setlo?'

'Yn weddol, diolch,' atebodd hi.

'Dw i wedi bod yn dy wylio di,' meddai fo, 'a dw i'n licio be dw i'n weld.' Gwenodd Hanna yn wan arno fo.

'Mi rwyt ti'n hogan abl sydd ddim yn ofni gwaith caled,' aeth

---

camp(au) – *trick(s)*　　　　　　**hen ferch** – *spinster*
yng nghanol nunlle – *in the middle of nowhere*

ymlaen, gan gamu'n agos ati, ei wyneb mawr coch o fewn modfeddi i'w hwyneb hi. Roedd hi'n medru gweld y rhychau ar ei groen coch a'r **gwythiennau** glas o amgylch ei drwyn.

'Ti'n atgoffa fi o Megan pan oedd hi'n ifanc,' aeth ymlaen.

Dechreuodd Hanna deimlo'n anghyfforddus a chamodd oddi wrtho fo nes bod ei chefn yn erbyn y wal. Camodd o'n nes ati fel ei bod hi'n medru clywed yr oglau drwg ar ei anadl.

'Wyt ti'n **wyryf**?' gofynnodd iddi. Edrychodd Hanna'n syn arno fo. 'Wyt ti wedi ... cysgu efo dyn?' gofynnodd eto.

'Rargian, naddo,' meddai Hanna mewn dychryn ar ôl deall beth roedd o'n ei ofyn.

'Hm,' meddai fo, gan ddod â'i wefusau yn agos at ei chlust a sibrwd, 'hen bryd i hynna newid felly, tydy? Mae dy 'stafell wely di yn fach iawn. Mae fy un i yn fawr a digon o le i ddau yn y gwely.' Roedd ei lais yn gras ac roedd o'n drewi o oglau baw gwartheg.

Dechreuodd Hanna deimlo'n sâl. Safodd yno, pob cyhyr wedi rhewi, yna mi gaeth hi nerth o rywle i wthio heibio iddo fo.

'Dim diolch!' meddai. Ceisiodd fynd am y drws ond safodd Ephraim o'i blaen.

'Iawn,' meddai wrthi. 'Ddim rŵan, ella. Dw i'n ddyn amyneddgar. Mi wna i ddisgwyl nes byddi di'n barod. Mae llofftydd y morynion yn ddigon pell, fyddan nhw ddim yn sylwi, ein cyfrinach ni fyddai hi.' Plygodd a gosod cusan sydyn ar ei gwefus cyn camu i'r ochr a gadael iddi hi fynd drwy'r drws. Fydda i byth yn barod! meddyliodd Hanna gan redeg i'w hystafell. Caeodd y drws **yn glep** ac estyn am y pot dan y gwely a **chwydu** i mewn iddo fo.

---

gwythïen, gwythiennau – *vein(s)* **gwyryf** – *virgin*
yn glep – *with a slam* **chwydu** – *to vomit*

17
Troi am adre

Y diwrnod wedyn roedd codi hyd yn oed yn fwy anodd i Hanna. Bron iddi hi **smalio** ei bod hi'n sâl ond codi wnaeth hi. Codi a chario ymlaen achos doedd dim dewis arall. Roedd hi **wedi ei rhwymo** mewn cytundeb i Ephraim am chwe mis. Syniad ei thad oedd hyn er mwyn gwneud yn siŵr ei fod o'n ei thalu hi'n deg a ddim yn cymryd mantais o'r cysylltiad teuluol. Doedd o ddim yn gwybod ei fod wedi gwneud pethau'n waeth i'w ferch. Fasai Ephraim ddim mor barod â Mr Lewis i adael iddi hi dorri ei chytundeb.

Un peth da am y cytundeb oedd ei fod yn **caniatáu** iddi hi gael un diwrnod rhydd y mis i wneud beth bynnag roedd hi isio efo fo. Roedd hi bron wedi gweithio mis felly mi fasai hi'n medru cael diwrnod yn rhydd yr wythnos nesa ac roedd hi'n gwybod yn syth beth fasai hi'n wneud. Roedd hi isio gweld ei mam a'i thad a'i theulu yn ofnadwy.

Ar ôl yr wythnos hira erioed roedd Hanna o'r diwedd ar ei ffordd adre – yn cario basged o wyau a menyn o'r fferm. Wrth i'r trên ddod yn agos at y pentref roedd hi'n teimlo fel tasai hi'n dod allan o'r niwl ac erbyn cyrraedd Tan y Clogwyn roedd hi bron â rhedeg at ddrws y tŷ.

---

smalio – *to pretend*   **wedi rhwymo** – *tied*
caniatáu – *to allow*

'Nanna!' Jini oedd y gynta i'w chyfarch gan afael yn dynn am ei phengliniau. Rhuthrodd Neli o'r gegin a gafael am ei merch. Mi gododd ei thad o'i gadair hyd yn oed, a **hercian** tuag ati.

'Rwyt ti wedi colli pwysau!' meddai Neli pan gamodd yn ôl ac edrych yn iawn arni.

'Ro'n i'n disgwyl i ti fod wedi rhoi pwysau ymlaen o gael yr holl wyau a menyn ar y fferm.'

Gwenodd Hanna. 'Mae'n anodd cael amser i fwyta – mae 'na rywbeth i'w wneud o hyd.'

'Ond wyt ti'n hapus yno?' gofynnodd Neli. Edrychodd Hanna ar ei dwylo a dweud,

'Mae'n anodd dŵad i arfer efo gwaith mor wahanol.'

'Ydy Ephraim yn glên efo ti?' gofynnodd Twm. Wnaeth Hanna ddim edrych ar ei thad, dim ond dweud yn ddistaw, 'Yndy.'

'Wel, 'stedda di yn fan'na ac mi gawn ni'r hanes i gyd,' meddai Neli. 'Mi wna i banad i ni, ac mae Jini wedi helpu Nain i wneud cacen, on'd do, Jini?'

Dringodd Jini ar lin ei modryb gan ddweud, 'Jini neud cacen. Cacen i Nanna.'

Gafaelodd Hanna amdani a chladdu ei hwyneb yn ei chyrls melyn.

Os oedd yr wythnos wedi llusgo, mi wnaeth y pnawn hedfan a daeth yr amser iddi hi fynd i ddal y trên i gychwyn yn ôl am Sir Fôn. Mi wnaeth hi fynnu cerdded i'r stesion ei hun gan ei bod yn methu meddwl am ffarwelio â'i theulu o flaen pawb, rhag ofn iddi hi ddechrau crio. Wedi addo y basai'n casglu pob ceiniog sbâr

hercian – *to limp*

i fedru dod adre eto'n fuan, cerddodd i'r stesion, ei chalon yn drwm. Roedd hi wedi gadael digon o amser i fynd i'r siop i brynu ychydig o bethau. Roedd hi'n colli medru picio i siop. Mi fasai **cert** llawn nwyddau yn galw yn y fferm unwaith bob wythnos a dyna ni wedyn tan yr wythnos wedyn.

Roedd siop Wil yn dal ar agor, er bod yr hen Wil druan wedi ei gladdu ers pythefnos, a Lizzie ar ei phen ei hun tu ôl i'r cownter. Prynodd Hanna far o sebon Pears a thun o bowdwr *cocoa* ac wrth iddi droi i fynd clywodd lais cyfarwydd yn dod o gefn y siop a sŵn traed yn dod yn agos.

'Reit ta, Lizzie. Dyna'r llyfrau cownt wedi ... Hanna!'

'Mr Lewis!'

Roedd Hanna isio rhedeg ato fo ond arhosodd yn llonydd.

'Wel, dyma syrpréis! Wedi dod am dro am y dydd wyt ti?' gofynnodd Mr Lewis.

'Ia. Ar y ffordd i ddal y trên yn ôl dw i rŵan.'

'Wel, mi ro i reid i ti.'

Edrychodd Hanna yn ddryslyd arno fo.

'Mae'r *motor car* y tu allan!' gwenodd arni.

'Dach chi wedi cael *motor car*?!' meddai hi mewn syndod.

'Do, ac mae Lizzie wedi cael reid ynddo fo yn barod, on'd do Lizzie?'

Gwenodd Lizzie.

'Mi roedd o dipyn mwy cyfforddus na'r **siarabáng**,' meddai hi.

Doedd Hanna erioed wedi bod mewn car modur o'r blaen a gafaelodd yn dynn yn nolen y drws wrth i Mr Lewis gychwyn i lawr y ffordd.

---

cert – *cart*   **siarabáng** – *charabanc, omnibus*

'Dydy Glan Deulyn ddim yr un fath hebddat ti, Hanna,' meddai wrthi a'i lais yn drist. Wnaeth Hanna ddim dweud dim; doedd hi ddim yn ymddiried ynddi hi ei hun i siarad.

'Wyt ti'n hapus ar y fferm?' gofynnodd iddi.

Teimlodd Hanna yr holl **emosiynau** roedd hi wedi eu teimlo yn yr wythnosau diwetha yn tyfu y tu mewn iddi hi – yr **unigrwydd**, yr ofn, yr hiraeth. Yr holl emosiynau roedd hi wedi treulio'r pnawn yn trio eu cuddio oddi wrth ei rhieni, a **chwalodd yr argae**. Dechreuodd grio'n swnllyd, ei chorff yn crynu. Trodd Mr Lewis y car i lawr lôn fach a'i barcio ar ochr y ffordd. Ar ôl gwneud yn siŵr fod neb o gwmpas dyma fo'n rhoi ei fraich am Hanna ac am yr ail dro teimlodd Hanna'n saff yn ei freichiau. Dywedodd hi'r hanes i gyd wrtho – am y gwaith caled, agwedd **bowld** Cadi – ac am gynnig Ephraim. Gollyngodd Mr Lewis hi a rhoi ei ddwy law ar **lyw** y car, a golwg flin iawn arno.

'Ydy dy dad yn gwybod?' gofynnodd.

'Rargian, nac ydy! Dw i ddim isio iddo fo na Mam fyth wybod, mi fasai'n torri eu calonnau nhw.'

'Ond fedri di ddim aros yna, Hanna.'

Ochneidiodd Hanna. 'Does gen i ddim dewis, dw i wedi **arwyddo** cytundeb.'

Tarodd Mr Lewis ei law yn erbyn y llyw. Doedd Hanna erioed wedi ei weld yn edrych mor flin.

'Plis, wnewch chi fynd â fi i ddal y trên?' gofynnodd. 'Mi fydda

---

emosiwn, emosiynau – *emotion(s)*	**unigrwydd** – *loneliness*
chwalodd yr argae – *the floodgates burst open*	
bowld, powld – *bold*	**llyw** – *steering wheel*
arwyddo – *to sign*	

i'n iawn. Mi fedra i edrych ar ôl fy hun,' ychwanegodd yn **ddewr**.

Cytunodd Mr Lewis i fynd â hi i'r stesion ond wnaeth o ddim dweud gair arall wrthi hi, dim ond edrych ar y ffordd o'i flaen.

Y pnawn wedyn roedd Hanna'n sortio'r dillad budr pan glywodd sŵn mawr ar yr iard tu allan. Mi fuodd hi bron â **llewygu** pan welodd Mr Lewis yn ei fodur ar ganol yr iard. Edrychodd yn syn arno fo. Roedd Ephraim hefyd wedi dod allan i weld beth oedd y cyffro. Daeth Mr Lewis allan o'r modur a cherdded tuag ato fo.

'Ephraim Roberts?' gofynnodd. Nodiodd Ephraim. Cynigiodd Mr Lewis ei law iddo.

'Owen Lewis,' meddai. 'Pnawn da. Ydy hi'n bosib cael gair efo chi, os gwelwch yn dda?'

Aeth y ddau i mewn i'r parlwr heb i Mr Lewis edrych ar Hanna na dweud gair wrthi. Safodd Anni a Cadi yn syllu ar eu hôl nhw tra oedd Samuel, y gwas bach, yn cerdded o amgylch y modur, wedi dotio.

Ar ôl beth oedd yn teimlo fel oriau i Hanna, daeth y ddau ddyn allan o'r parlwr. Roedd hi'n teimlo'n sâl. Roedd hi wedi bod yn trio gwrando tu allan i'r drws ond doedd hi ddim yn medru clywed gair drwy'r pren trwchus. Brysiodd i lawr y coridor pan glywodd y drws yn cael ei agor, dim ond i droi'n ôl o glywed ei henw yn cael ei alw.

'Hanna,' meddai Mr Lewis wrthi, 'dos i bacio dy betha. Rwyt ti'n mynd adra.'

---

dewr – *brave;* **yn ddewr** – *bravely*

llewygu – *to faint, to swoon*

18
Siop

Mis yn ddiweddarach

'Dau swllt a thair ceiniog am bwys o gig moch!' meddai Beti Dew. 'Dach chi wedi codi'r prisiau yn arw yma. Dim ond dau swllt roedd yr hen Wil yn ei ofyn.'

Gwenodd Hanna arni o'r tu ôl i gownter y siop, yn gwybod yn iawn mai trio ei lwc yr oedd yr hen wraig.

'**Dduda i wrthoch chi be**,' meddai hi. 'Mae gen i fisgedi wedi torri yn fa'ma. Beth taswn i'n taflu rhai o'r rhain i fag i chi?'

Gwenodd Beti, y tri dant oedd ganddi hi yn ei cheg yn dangos ei **hoffter** o bethau melys.

'Mi wnei di siopwraig dda,' meddai wrthi, 'on' gwneith, Lizzie?'

'Gwneith, wir,' meddai Lizzie, 'mi wnaeth Mr Lewis ddewis da.'

Chafodd Hanna erioed wybod pa eiriau gafodd eu dweud rhwng Mr Lewis ac Ephraim. Ond mi gafodd hi wybod fod Mr Lewis wedi bod yn gweld ei rhieni cyn cychwyn am Sir Fôn i ddweud ei fod am gynnig iddi ddod i redeg siop Wil, ac y basai hi'n cael byw yn y fflat uwchben y siop. Yn ôl Wil ei brawd, oedd wedi cael ei hel allan o'r tŷ pan ddaeth Mr Lewis, roedd o wedi bod yno am amser

---

mis yn ddiweddarach – *a month later*
dduda i wrthoch chi be – *I'll tell you what*
hoffter – *fondness*

hir. Pan aeth Wil yn ôl a gofyn be oedd Now Bach Crafwr isio, mi gaeth o **beltan** gan ei fam am ei alw fo'n hynna, pan oedd o'r dyn neisia'n fyw!

Doedd Beti ddim ar frys i adael y siop ac erbyn iddi hi fynd roedd Lizzie wedi gadael am y dydd – wedi cael caniatâd i adael yn gynnar ar ôl addo mynd efo Hanna i gyfarfod nesa'r Women's Freedom League yn y dref. Caeodd Hanna'r drws am y dydd ond cyn iddi gael cyfle i gloi, agorodd y drws a daeth Robat Tŷ Pen i mewn, ei wyneb yn **sgleinio** fel tasai fo newydd fod yn ymolchi ac **ôl crib** ar ei wallt.

'Ydw i'n rhy hwyr?' gofynnodd gan wenu'n swil arni hi.

Gwenodd yn ôl arno fo gan agor y drws yn llydan a dweud,

'Nac wyt, Robat, tyrd i mewn. Be ga i wneud i ti?'

---

peltan – *a slap* **sgleinio** – *to shine*

ôl crib – *the mark of a comb*

Geirfa

abl – *able*
achlysur – *occasion*
achub ei ran o – *to stick up for him*
achwyn – *to tell tales*
ael – *eyebrow*
angerdd – *passion*
anghyfforddus – *uncomfortable*
allt – *hill*
amgylchiad(au) – *circumstance(s)*
amheuaeth, amheuon – *doubt(s)*
amheus – *doubtful, suspicious*
anadl – *breath*
anadl ddofn – *a deep breath*
anaml – *rarely*
anwybyddu – *to ignore*
anymwybodol – *unconscious*
ar faglau – *on crutches*
ar goll – *lost*
ar hynny – *at that instant*
arch – *coffin*
argraff – *impression*
arolygwr – *supervisor*
arwyddo – *to sign*
atodiad – *appendix*
atseinio – *to echo*
awyrgylch – *atmosphere*

baco – *tobacco*
baglu – *to trip*
bara brith – *speckled loaf (cake)*
barics – *barracks*

basn blodeuog – *floral basin*
bechod (gog) = **dyna drueni (de)**
ben bore = *y peth cynta yn y bore*
blaenor – *deacon*
bob hyn a hyn – *every now and then*
bowld, powld – *bold*
brathu tafod – *to hold one's tongue*
   (*lit. to bite one's tongue*)
brethyn bras – *rough cloth*
briwsionyn – *a crumb*
bron â thorri ei bol – *dying to*
byddigion – *gentry*
bygythiol – *threatening*

caban – *cabin*
cacen wy – *egg custard tart*
cadarn – *strong*
cadw cyfrinach – *to keep a secret*
cadw golwg – *to keep an eye*
cael cam – *wronged*
cael llonydd – *to be left alone*
canghellor – *chancellor*
camp(au) – *trick(s)*
camu – *to step*
canhwyllau – *candles*
caniatâd – *permission*
caniatáu – *to allow*
canlyn yn selog – *going steady*
cannwyll llygad ei fam – *the apple of his mother's eye*
caredigrwydd – *kindness*

cas – *nasty*
cenfigen – *envy, jealousy*
cennin Pedr – *daffodils*
cert – *cart*
certmon – *carter*
cetyn – *pipe (to smoke)*
cil ei llygad – *the corner of her eye*
clais – *bruise*
clecian – *to crackle*
clên (gog) = **hyfryd (de)**
clochdar ceiliog – *a cock's crow*
clorian – *scales (weighing)*
coban – *nightdress*
codi clustiau – *to prick up one's ears, to listen intently*
codi cywilydd – *to cause embarrassment*
corddi – *to churn*
cownt – *account*
crafwr – *sycophant*
craffu – *to squint*
crasu – *to toast*
creigiwr – *rockman*
crensian – *crunch*
crib – *a comb*
cronni – *to gather, to collect*
crynu – *to shake, to shiver*
cwsg – *sleep*
cydymdeimlo – *to sympathize*
cyfarwydd – *familiar*
cyfeirio at – *to refer to*
cyflogwr – *employer*
cyllideb – *budget*
cymryd mantais – *to take advantage*
cynhyrfu – *to excite*

cynigiodd, cynigodd – *(he/she) offered (cynnig – offer)*
cynt – *previous (also, sooner, quicker)*
cynta'n y byd, gorau'n y byd – *the sooner the better*
cyrens duon – *blackcurrants*
cysur – *consolation*
cysuro – *to console*

chdi (gog llafar) = **ti**
chwalodd yr argae – *the floodgates burst open*
chwalu'r swyn – *to break the spell*
chwarddodd – *(he/she) laughed*
chwarelwyr – *quarrymen*
chwydu – *to vomit*
chwyddwydr – *magnifying glass*
chwyrnu – *to snore*

dadleuon – *debates*
daliadau – *beliefs*
danfon – *to deliver*
dannedd gosod – *false teeth*
dewr – *brave*
digroeso – *unwelcoming*
dim lol – *no nonsense*
dimai – *a halfpenny*
disglair – *shiny*
disgyn – *to fall*
Diwygiad 1904 – *the 1904 Methodist Revival*
dod i arfer efo – *to get used to*
dolen – *handle*
drwgdeimlad – *ill-feeling*
dychryn – *fright*

dychymyg – *imagination*
dyletswydd – *duty*
dyrnu – *to thump*

ddim yn medru byw yn ei chroen – *unable to bear (lit. unable to live in her skin)*
dduda i wrthoch chi be – *I'll tell you what*

edmygu – *to admire*
eithafol – *extreme*
ella (gog) = (e)fallai (de) – *perhaps*
emosiwn, emosiynau – *emotion(s)*
esgidiau hoelion mawr – *hobnail boots*
estyn – *to reach*
euogrwydd – *guilt*

fenga (gog) = ifanca (de) – *youngest*
fel pin mewn papur – *shipshape*

ffedog – *apron*
fforddio – *to afford*
ffrae – *a row*

gadael llonydd i – *to leave alone*
gafael – *to hold*
galar – *mourning*
galarwyr – *mourners*
gên – *chin*
giât – *gate*; **giatiau** – *gates*
glin – *lap*
go drapia – *oh blast*
goleuo – *to light*

golwg be wna i – *a look of confusion (lit. a look of what will I do)*
golygus – *good-looking*
gollwng – *to drop*
gorchymyn – *command*
gwas, gweision – *manservant(s)*
gwatwar – *to mock*
gwddw – *neck (also, throat)*
gweddïo dros – *pray for*
gweini tymor – *to serve a season*
gwelw – *pale*
gwneud dim drwg – *does no harm*
gwneud hwyl am ben (ei phen) – *to mock (her)*
gwrid – *a blush*
gwyll – *twilight*
gwyryf – *virgin*
gwythïen, gwythiennau – *vein(s)*
gyda llaw – *by the way*

hambwrdd – *tray*
hedd, heddwch – *peace*
hel am rywbeth – *going down with something*
hel clecs – *to gossip*
hel meddyliau – *to daydream (lit. to collect thoughts)*
hen ferch – *spinster*
hercian – *to limp*
hoffter – *fondness*
hollti a naddu – *to split and dress (slate)*
hwsmon – *bailiff*
hwyliau da – *a good mood*

iâr fach yr haf, ieir bach yr haf – *butterfly, butterflies*
ias – *a shiver*

lobsgóws – *lobscouse, Irish stew*

llaethdy – *dairy*
llawysgrifen – *handwriting*
lles – *wellbeing*
lletchwith – *awkward*
llewygu – *to faint, to swoon*
llond llaw – *a handful*
llusgo – *to drag*
llw dirwest – *temperance pledge*
llwyrymwrthodwr – *teetotaller*
llyfu tin – *to brown-nose*
llyw – *steering wheel*

mae arna i ofn – *I'm afraid*
maes llafur – *Sunday school competition*
mafon – *raspberries*
mainc – *bench*
mawreddog – *grand, boastful*
medrus – *skilful*
meddyg esgyrn – *bonesetter*
meiddio – *to dare*
mendio ohoni'i hun, mendio ohono'i hun – *to mend itself*
mis yn ddiweddarach – *a month later*
morwyn fach – *scullery maid*
mwydro – *to moider*
mymryn – *the smallest possible amount*

mynd ar eich traws – *to interrupt (lit. to go across you)*
mynd o flaen gofid – *to worry needlessly*
mynwent – *graveyard*

naid – *a jump, a start*
neges – *message, shopping*
neidio i lawr ei chorn gwddw – *to jump down her throat*
noson ola leuad – *moonlit night*
nwyddau – *goods*

ochenaid – *a sigh*
ochneidio – *to sigh*
oglau (gog) = **aroglau** – *smell(s), aroma(s)*
ôl crib – *the mark of a comb*
osgoi – *to avoid*

pant(iau) – *hollow(s)*
pechu – *to offend*
peltan – *a slap*
pelydr – *ray*
penteulu – *the head of the family*
perlau – *pearls*
persawr – *perfume*
pesychu – *to cough*
picio – *to pop, to dash*
pinsiad – *a pinch*
poeri – *to spil*
ponc, ponciau – *gallery, galleries (in a slate quarry)*
porthwr – *stockman*
pregethu – *to preach*

procar – *poker*
pryderus – *anxious*
pryfocio – *to provoke, to tease*
pwffian – *to puff*
pwt o gur pen – *a bit of a headache*
pwyso yn erbyn – *to lean against*
pyst – *posts*

rargian – *gosh*

rhych(au) – *wrinkle(s)*
rhyddhad – *relief*
rhyngom – *between us*

safodd – *he/she stood*
sbilsen, sbils – *spill(s) (paper twists to light a fire)*
sgleinio – *to shine*
sgrech – *a scream*
sgrechian – *to scream*
sgrechiodd – *he/she screamed*
sgubo – *to sweep*
siarabáng – *charabanc, omnibus*
siglo – *to swing, to rock*
Sioni bob ochr – *a two-faced person*
smalio – *to pretend*
socian – *to soak*
strancio – *to have a tantrum*
sugno – *to suck, to drain*
surbwch – *surly*
swatio – *to squat*
swllt – *shilling*
swper chwarel – *evening meal (lit. quarry supper)*
swyn – *spell*

symudiad(au) – *movement(s)*
syndod – *surprise, astonishment*
synhwyro – *to sense*

ta – *or*
tanio – *fire(d)*
testun sgwrs, testun siarad – *the topic of conversation*
toes – *dough, pastry*
tomen – *a pile, a heap*
toriad gwawr – *daybreak*
torri syched – *to quench a thirst*
torri tymor – *to break one's contract*
torrwyd ar ei thraws – *she was interrupted*
truan – *poor;* **Neli druan** – *poor Neli*
trysor – *treasure*
tuag at – *towards;* **tuag ato** – *towards him*
twb ymolchi – *bathtub*
twyllwr – *a cheat*
tyner – *tender*
tyrd yn dy flaen – *come on (singular)*
tywallt – *to pour*

unigrwydd – *loneliness*

wedi (i) – *after*
wedi dotio – *enamoured*
wedi gafael – *to have taken hold*
wedi rhwymo – *tied*
weiren – *wire*
wneith y tro – *it'll do*
wynebu – *to face*

ychwanegu – *to add*
yng nghanol nunlle –
 in the middle of nowhere
yli – *(you) see (singular)*
ymddiheuriad – *apology*
ymddwyn – *to behave*
yn arw – *greatly*
yn bryderus – *anxiously*
yn dyner – *tenderly*
yn dynn – *tightly*
yn ddewr – *bravely*
yn ddryslyd – *confusedly*
yn gegagored – *open-mouthed*
yn glep – *with a slam*
yn goron ar ei phen – *a crown on her head*
yn hel am rywbeth – *going down with something*
yn sigledig – *shakily*
ynda! – *take this!*
yr un mor benderfynol –
 equally determined
ysgol ramadeg – *grammar school*
ysu – *to yearn*